mentor Lektüre Durchblick

Woyzeck

Georg Büchner

W0230688

Inhalt · Hintergrund · Interpretation

Claus J. Gigl

mentor
Eine Klasse besser.

Willkommen bei »Lektüre Durchblick«!

Sie lesen gerade »Woyzeck« im Deutschunterricht?

Dann finden Sie hier in knapper und verständlicher Form
– oft auf besonders übersichtlichen Doppelseiten – genau
die Informationen, die Sie jetzt brauchen.

Sie werden sehen: Wenn Sie sich mit diesem Hintergrund
den »Woyzeck« nochmals vornehmen, steht dem vollen
Durchblick nichts im Wege. Denn je mehr Sie schon wissen,
desto mehr entdecken Sie selbst im Text – und so macht
Deutsch-Lektüre erst richtig Spaß!

Viel Erfolg!

Autor und Verlag

Alle Zitate nach:
Georg Büchner: Werke und Briefe. Münchner Ausgabe,
Hg. K. Pörnbacher u. a.
München 1988 (= dtv klassik 2202, München ^{5}1995)

Der Autor:
Claus J. Gigl, Gymnasiallehrer für Deutsch und Geschichte,
Autor verschiedener Lehrbücher zum Aufsatz- und Literatur-
unterricht, Herausgeber einer Lesebuchreihe

Inhalt

Die Thematik

Georg Büchner zeigt an einem individuellen Beispiel, wie die gesellschaftlichen Gewaltstrukturen zu seiner Zeit in der Lage sind, einen Menschen zu deformieren und zum Äußersten zu treiben.

»Woyzeck« – ein soziales Drama

Büchners Drama kann – wie viele literarische Texte dieser Thematik – auf verschiedene Arten gelesen werden, einmal von den Individuen her gesehen:
- als Tragödie einer ledigen Mutter mit unehelichem Kind,
- als Beziehungs-Drama um enttäuschte Liebe und Untreue,
- als Kriminalstück, an dessen Ende Woyzeck seine untreue Geliebte ermordet.

Alles in allem ist »Woyzeck« jedoch ein soziales Drama, da in ihm die gesellschaftliche Herkunft der Hauptfigur nicht bloß zufällig, sondern tatsächlich Grundlage der Handlung ist. Franz Woyzeck wird von den sozial höher Gestellten unterdrückt, ja auf das Brutalste ausgebeutet. Seine Umwelt reduziert ihn auf reine Funktionalität: als Zahler von Unterhalt (Marie), als Dienstbote (Hauptmann), als Versuchskaninchen (Doktor). Niemand nimmt Kenntnis vom Individuum Woyzeck.

Franz Woyzeck, der einfache Soldat, der Nebenjobs annehmen muss, um überhaupt überleben zu können, ist diesen Mitmenschen, die in ihrer Mehrheit sozial höher gestellt, klüger oder einfach skrupelloser sind als er, nicht gewachsen.

Gesellschaftliche Probleme sind es also, nicht Probleme des Einzelnen, des Individuums, die von Georg Büchner in diesem Stück dargestellt werden.

Die Handlung in Kürze

»Woyzeck« zeigt in einzelnen, nur lose zusammenhängenden Bildern, wie eine Reihe von Ereignissen dazu führt, dass aus einem bislang unbescholtenen Menschen ein Mörder wird.

Szene 1 bis Szene 3:

Die wichtigen Personen des Dramas treten auf: Woyzeck und Andres schneiden in einem Gebüsch vor der Stadt Stöcke, um ihren mageren Sold aufzubessern. Marie sieht mit ihrem Kind vom Fenster aus den Soldaten zu, die in die Kaserne zurückkehren. Auf dem Jahrmarkt begegnet Marie dem Tambourmajor.

Szene 4 bis Szene 9:

Marie und Woyzeck werden in ihren unterschiedlichen Lebenswelten gezeigt: Marie, die mit ihrem Kind allein lebt und vom Tambourmajor besucht wird; Woyzeck, der als Soldat zu wenig verdient, aus Geldnot verschiedenen Nebenbeschäftigungen nachgeht und von seinen Mitmenschen gedemütigt wird.

Szene 10 bis Szene 19:

Hier wird die Vorgeschichte des Mordes dargestellt: Woyzeck bemerkt die Untreue Maries, und sein Nebenbuhler, der Tambourmajor, demütigt ihn öffentlich im Wirtshaus.

Szene 20 bis Szene 27:

Der Mord-Komplex: Woyzeck tötet Marie und flüchtet ins Wirtshaus, wo er auffällt, weil er blutbefleckt ist. Auch sonst kann er nirgends bleiben: Sein weiteres Schicksal bleibt offen.

Die Personen

Im Mittelpunkt der Dramenhandlung steht der einfache Soldat Franz Woyzeck, der von seinen Mitmenschen zum Statisten in seinem eigenen Leben degradiert wird. Seine Partnerin

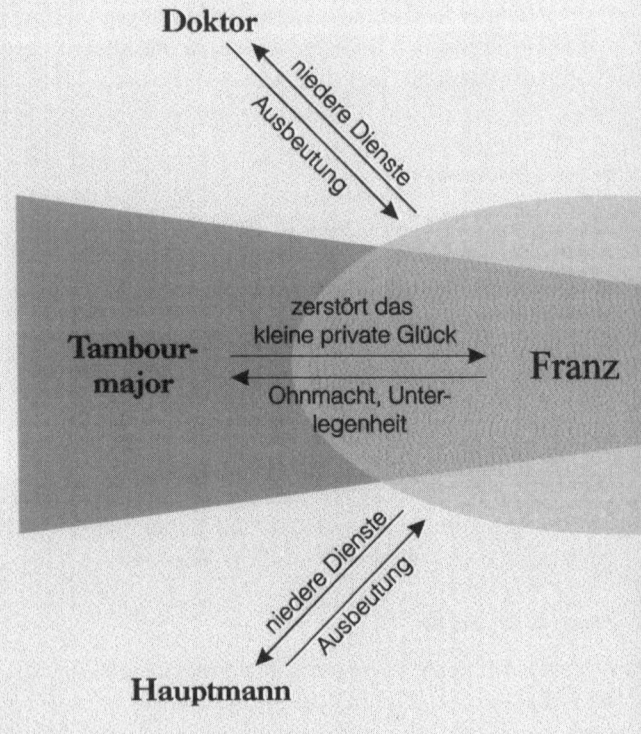

Woyzeck - der öffentliche Mensch

Doktor

niedere Dienste

Ausbeutung

Tambourmajor

zerstört das kleine private Glück

Ohnmacht, Unterlegenheit

Franz

niedere Dienste

Ausbeutung

Hauptmann

Marie, mit der er ein Kind hat, betrügt ihn mit dem Tambour-major, der ihn zudem öffentlich demütigt. Sein Vorgesetzter, der Hauptmann, missbraucht ihn zu privaten Dienstleistungen. Der Doktor degradiert ihn zum Versuchskaninchen für zweifelhafte medizinische Experimente.

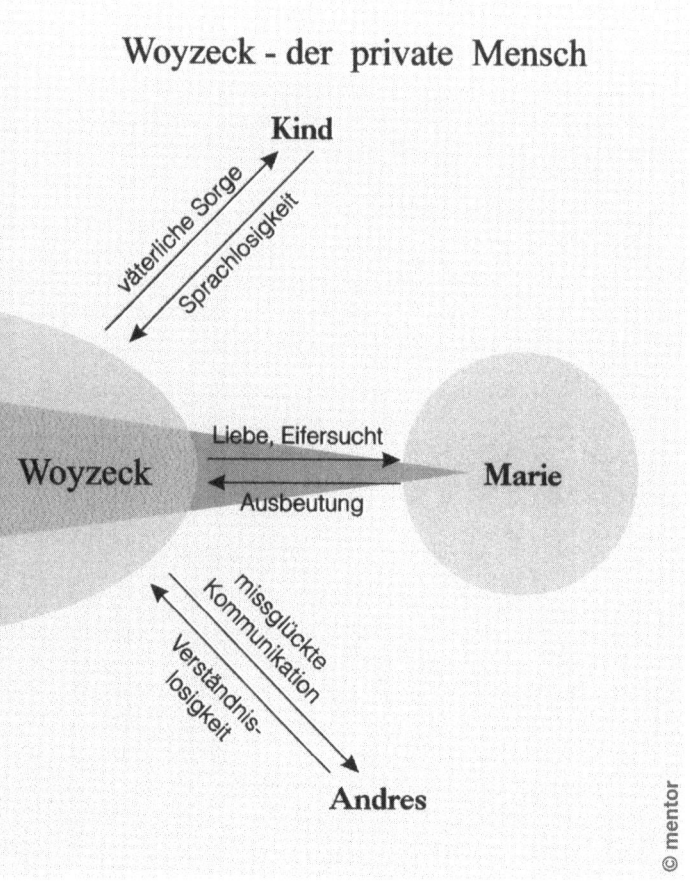

Woyzeck - der private Mensch

Kind

väterliche Sorge

Sprachlosigkeit

Liebe, Eifersucht

Woyzeck

Ausbeutung

Marie

missglückte Kommunikation

Verständnis-losigkeit

Andres

© mentor

Die Handlung

Georg Büchners Drama spielt in der ersten Hälfte des 19. Jahrhunderts in einer hessischen Garnisonsstadt. Wir werden Zeuge der Tragödie des einfachen Soldaten Franz Woyzeck, der seine Partnerin auf doppelte Weise verliert: Sie wird ihm untreu, woraufhin er sie ersticht.

[1] Freies Feld. Die Stadt in der Ferne

Woyzeck und sein Kamerad Andres schneiden in den Gebüschen vor der Stadt Stöcke, um ihren kargen Lohn als Soldaten aufzubessern. Woyzecks Wahnvorstellungen erschweren die Kommunikation: Während Woyzeck von seinen Phantasien berichtet, singt Andres ein Volkslied. Erst als Woyzeck aufstampft, weil er glaubt, dass die Freimaurer schon den Boden unter ihm ausgehöhlt hätten, lässt sich Andres von der irrationalen Angst des Freundes anstecken: *Ich fürcht mich* ist aber alles, was er dazu sagen kann – unklar bleibt, wovor er sich fürchtet.

Erst die Trommeln aus der nahe gelegenen Kaserne bringen die Realität ins Spiel, die aber lediglich Andres wahrnimmt. Sie beenden den Spuk und leiten in die Wirklichkeit, in das reale Geschehen der nächsten Szene über.

[2] Marie mit ihrem Kind am Fenster. Margreth

Marie und ihre Nachbarin Margreth beobachten die vorbeiziehenden Soldaten. Der Tambourmajor fällt ihnen aufgrund seines blendenden Aussehens besonders auf. Zwischen den Frauen entsteht durch die Sticheleien Margreths *(Ei, was freundliche Auge, [...] so was is man an Ihr nit gewöhnt.)* Streit, in dessen Verlauf sie Marie deren Lebenswandel vorwirft. Mit dem Schimpfwort *Luder* bricht Marie das Gespräch ab und wendet sich ihrem Kind zu, das sie ein *arm Hurenkind* nennt, aber offensichtlich liebt.

Marie singt nun ein Lied – wie es scheint für ihren kleinen Sohn. In Wirklichkeit stellt sie aber ihre eigene Situation dar: *Mädel, was fangst du jetzt an / Hast ein klein Kind und kein Mann.*

Dann kommt Woyzeck kurz bei seiner Geliebten und dem gemeinsamen Kind vorbei. Doch auch jetzt ist er immer noch von Wahnvorstellungen geplagt, was Marie in Sorge versetzt: *Der Mann! So vergeistert. Er hat sein Kind nicht angesehn. Er schnappt noch über mit den Gedanken.*

Der kurze Monolog am Ende der Szene zeigt, dass Marie eine Veränderung an Woyzeck bemerkt: Sie fürchtet, dass er wahnsinnig wird, macht sich aber keine weiteren Gedanken über seinen Zustand, sondern kümmert sich wieder um ihr Kind.

[3] Öffentlicher Platz. Buden. Lichter

Die Jahrmarktszene beginnt mit dem Leierkastenspieler, der eine Lebensweisheit zum Besten gibt, die zugleich auf das Ende des Stücks vorausweist: *Auf der Welt ist kein Bestand. / Wir müssen alle sterbe, / das ist uns wohlbekannt!*

Marie und Woyzeck lassen sich inzwischen vom Marktschreier ablenken; dieser macht auf ein Pferd aufmerksam, von dem er behauptet, es gebe sein viehisches Dasein auf, indem es sich äußerlich – durch Kleidung und militärischen Schmuck – den Menschen angleiche.

Da sie die angekündigte Vorstellung miterleben wollen, betreten Marie und Woyzeck die Bude; dabei folgen ihnen der Tambourmajor und sein Begleiter, deren Ziel es ist, Marie zu verführen.

Im Inneren der Bude findet dann die Pferdedressur statt: Auf die Fragen des Ausrufers hin bewegt das Tier den Kopf oder es scharrt mit den Hufen; der Dompteur interpretiert dies als Antwort und damit als Beweis für den vorhandenen Verstand des Pferdes.

[4] Kammer

Marie betrachtet sich gerade mit ihren neuen goldenen Ohrringen im Spiegel, als Woyzeck ins Zimmer tritt. Er bemerkt den Schmuck (ein Geschenk des Majors?) sofort und spricht Marie auf dessen Herkunft an. Diese wiegelt jedoch ab, gibt vor, die Ohrringe gefunden zu haben. Woyzeck glaubt ihr zwar nicht, forscht aber auch nicht weiter nach. Er kümmert sich stattdessen um das Wohlergehen seines Sohnes, wenn er Marie auffordert: *Greif ihm unter's Ärmchen, der Stuhl drückt ihn.* Auch denkt er über die Welt – und damit über seine eigene Situation – nach, wenn er sagt: *alles Arbeit unter der Sonn.* Bevor er geht, lässt er Marie Geld zurück, das er verdient hat.

Aus Maries Worten am Ende der Szene wird deutlich, dass sie mit sich und ihrer Situation unzufrieden ist, aber glaubt, nichts daran ändern zu können; sie hat vor den Umständen resigniert: *Ach! Was Welt? Geht doch Alles zum Teufel, Mann und Weib.* Mit der Aussage *Ich könnt mich erstechen* greift sie schon auf das Ende des Dramas voraus.

[5] Der Hauptmann. Woyzeck

Während Woyzeck seinen Vorgesetzten rasiert – auch eine Tätigkeit, um zusätzlich zu seinem Sold Geld zu verdienen –, unterhalten sich die beiden. Dabei zeigt sich, dass sie in verschiedenen (sozialen) Welten leben. Während dem Hauptmann langweilig ist, da er keiner sinnvollen Beschäftigung nachgeht, hetzt Woyzeck sich ab, um alle seine Jobs erledigen zu können. Doch gerade dies, dazu seine mangelnde Bildung, die der puren Not entspringt (wann sollte Woyzeck etwas lernen, wenn er ständig arbeiten muss?), und seine, vom herrschenden gesellschaftlichen Standpunkt aus betrachtet, fehlende Moral (Marie und Woyzeck haben ein uneheliches Kind) wirft ihm der Hauptmann vor. Er erkennt nämlich nicht, dass Woyzeck aus purer Not unablässig damit beschäftigt ist, das für das Leben Notwendigste für seinen Sohn, für Marie und für sich selbst zu erarbeiten.

[6] Kammer

Marie schläft mit dem Tambourmajor, weil sie ihn körperlich begehrt. Dabei ist ihr bewusst, dass sie falsch handelt; am Ende resigniert sie aber, da sie ihre eigene Schwachheit erkennt: *Es ist Alles eins.*

[7] Auf der Gasse

Woyzeck ahnt den Fehltritt Maries und sagt ihr seine Vermutung auf den Kopf zu: *Eine Sünde so dick und so breit.* Marie leugnet nichts, sie lässt Woyzeck über ihr Tun im Ungewissen.

[8] Beim Doktor

Außer für den Hauptmann leistet Woyzeck in seiner Freizeit auch für den Doktor Dienste:

Er lässt gegen Bezahlung medizinische Versuche mit sich durchführen. Ein Teil der Abmachung lautet: Woyzeck darf nur Erbsen essen und muss seinen gesamten Harn beim Doktor abliefern, damit der ihn untersuchen kann. Deshalb muss er sich nun Vorwürfe anhören: *Er hat auf die Straß gepißt, an die Wand gepißt wie ein Hund.* Der Doktor ist so erbost über Woyzecks Verhalten, dass er im Begriff ist, handgreiflich zu werden *(Tritt auf ihn los)*, dann besinnt er sich jedoch auf seine Stellung als Arzt und unterdrückt seine Gefühlsregungen: *Nein Woyzeck, ich ärgere mich nicht, Ärger ist ungesund, ist unwissenschaftlich. Ich bin ruhig [...]!* Ähnlich wie der Hauptmann fühlt sich der Doktor Woyzeck intellektuell und damit moralisch überlegen. Und wenn er ihm erklärt: *der Mensch ist frei*, so wird deutlich, wie wenig der Doktor die wirtschaftliche Lage Woyzecks begriffen hat. Geradezu zynisch reagiert er, wenn er Woyzeck dafür eine Gehaltserhöhung verspricht, dass dieser unter dem Experiment besonders leidet (also dem Doktor verwertbare Ergebnisse liefert!).

[9] Straße

Bei der Begegnung zwischen Hauptmann und Doktor zeigt sich, dass sich die beiden seit langem kennen: Sie ziehen sich gegenseitig auf, indem sie sich spöttisch mit *Herr Exerzierzagel* und *Herr Sargnagel* anreden. Außerdem bezeichnet der Doktor den Hauptmann als *aufgedunsen* und *fett* und bescheinigt ihm einen dicken Hals und eine *apoplektische Konstitution*, d. h. er neige zum Gehirnschlag.

Als Woyzeck hinzukommt, finden sie in ihm ein neues Opfer für ihre bösen Scherze!

Der Hauptmann provoziert Woyzeck, indem er ihn auf das Verhältnis zwischen Marie und dem Tambourmajor anspricht, von dem er offensichtlich Kenntnis hat. Er belässt es aber bei Anspielungen, vordergründig besehen nimmt er diese sogar zurück: *Aber Er hat eine brave Frau. Geht ihm nicht wie andern.* Woyzeck ist durch die Aussagen des Hauptmanns in seinem Innersten getroffen: *Herr, Hauptmann, ich bin ein armer Teufel, – und hab sonst nichts – auf de Welt.* Diese sichtbare Erregung veranlasst den Doktor, den körperlichen Zustand Woyzecks zu kommentieren: *Den Puls Woyzeck, den Puls, klein, hart, hüpfend, ungleich* und *Gesichtsmuskeln starr, gespannt, zuweilen hüpfend, Haltung aufgerichtet, gespannt.*

Auch in dieser Szene zeigt sich, dass Woyzeck von seinen Mitmenschen nicht verstanden wird; der Doktor, der ihn auf seine Bedeutung als medizinisches Versuchskaninchen reduziert, verspricht wiederum nur eine *Zulag*, der Hauptmann fühlt sich durch Woyzecks Verzweiflung in seiner beschaulichen Lebensführung gestört: *Mir wird ganz schwindlig, von den Mensche, [...].*

[10] Die Wachtstube

Im Gespräch mit Andres äußert Woyzeck seine Ängste: Im Wirtshaus findet eine Tanzveranstaltung statt und er fürchtet eine erneute Begegnung zwischen Marie und dem Tambourmajor.

Andres teilt die Befürchtungen Woyzecks nicht, er nimmt sie nicht einmal richtig wahr, nennt aber seinen Gefährten einen Narren, da dieser sich solche Sorgen macht.

[11] Wirtshaus

Woyzecks Befürchtungen aus der letzten Szene bewahrheiten sich: Marie und der Tambourmajor tanzen – Woyzeck sieht es von draußen durch das Fenster. Er fordert die anderen, die ihn ja nicht hören können, in hilflos-verzweifelten Sätzen zur Unzucht auf: *Dreht euch, wälzt euch. [...] Tut's am hellen Tag, tut's einem auf den Händen, wie die Mücken.* Woyzeck erkennt aber auch, dass er Marie verloren hat: *er, er hat sie...*

Am Ende der Szene predigt ein vermutlich betrunkener Handwerksbursche – allein schon dies ist merkwürdig, erst recht aber der Inhalt dieses Monologs: Der Handwerksbursche erörtert nämlich die philosophische Frage: *Warum ist der Mensch?* Dabei dreht sich die Argumentation um sich selbst: Der Mensch existiert, um die (materiellen) Bedürfnisse seiner Mitmenschen zu befriedigen. Er wird also auf seine Funktion reduziert, als Kunde des Bauern, Malers, Schusters, Arztes und Schneiders. Die Gedanken des Handwerksburschen gipfeln in den Überlegungen, die er im Hinblick auf die Existenzberechtigung des Soldaten anstellt: Er lebt von *dem Bedürfnis sich totzuschlagen*!

[12] Freies Feld

Woyzeck, der den Anblick seiner Geliebten und seines Nebenbuhlers, der sich ihm im Wirtshaus bot, nicht ertragen konnte, flüchtet ins Freie. Dort überlagern sich die Beobachtungen aus dem Wirtshaus und seine Wahnvorstellungen: Er hört wieder Stimmen, die aus dem Boden und vom Wind zu kommen scheinen – und ihm den Mord an der *Zickwolfin* (= Marie) befehlen.

[13] Nacht

Die Wirtshausszene – Tanz und Musik – verfolgt Woyzeck bis in den Schlaf, auch seine Wahnvorstellungen wiederholen sich: *[…] und dann spricht's aus der Wand, hörst du nix?* Andres nimmt den Ernst der Situation so wenig wahr wie die Verzweiflung seines Kameraden; er rät ihm lediglich: *Du mußt Schnaps trinke und Pulver drein, das schneidt das Fieber.*

[14] Wirtshaus

Der Tambourmajor provoziert Woyzeck, indem er ihn auffordert, Schnaps zu trinken. Als Woyzeck dies ablehnt, kommt es zu einem Handgemenge zwischen den beiden, an dessen Ende Woyzeck der Verlierer ist und blutend und *erschöpft zitternd* auf einer Bank sitzt. Der Major zeigt in dieser Szene zusätzlich zu seiner gesellschaftlichen Überlegenheit über Woyzeck – er kann Marie für sich gewinnen, weil er rein von den Äußerlichkeiten her betrachtet mehr darstellt (vgl. Szenen 2 und 6) – auch seine körperliche Dominanz über Woyzeck, den „Underdog".

[15] Woyzeck. Der Jude

Woyzeck sucht nach einer geeigneten Mordwaffe: Beim jüdischen Krämer findet er eine Pistole, die ihm jedoch zu teuer ist, und so entscheidet er sich für ein Messer. Der Kaufmann schätzt die Lage vollkommen falsch ein, da er annimmt, Woyzeck wolle Selbstmord begehen; ein Hinweis darauf, wie verzweifelt und geistig verwirrt Woyzeck seinen Mitmenschen erscheinen muss.

[16] Marie. Das Kind. Der Idiot

Marie macht sich wegen ihrer Untreue Vorwürfe und sucht Hilfe in der Bibel[1]. Sie findet eine Stelle im Neuen Testament, in der Jesus einer Ehebrecherin vergibt und sie auffordert, in Zukunft nicht mehr zu sündigen. Doch das hilft Marie nicht: Sie weiß, dass sie zu schwach ist, der Verführung durch den Tambourmajor zu widerstehen.

Ihr Kind, das sich an sie drängt und das sie an Woyzeck erinnert, schiebt sie weg: *Das Kind, gibt mir einen Stich ins Herz.* Karl, der Idiot, kümmert sich um den Kleinen.

Beim Weiterlesen in der Bibel fasst sie Hoffnung auf Vergebung ihrer Sünden – wie es auch hinsichtlich der Sünderin im Johannes-Evangelium geschildert wird. Sie beklagt, dass Woyzeck nicht bei ihr ist – und zitiert unmittelbar danach abermals aus der Bibel, so dass der Eindruck entsteht, sie möchte Woyzeck (ihrem *Heiland*?) die Füße salben, um der Verdammung zu entgehen.

[17] Kaserne

Woyzeck, der offenbar mit seinem nahen Tod rechnet, entscheidet, wer sein Hab und Gut erben soll: Das Hemd soll Andres bekommen, seine Schwester das Kreuz und den Ring. Andres, der die Lage vollständig verkennt, versucht hilflos abzuwiegeln, indem er sagt, Woyzeck müsse ins Lazarett, um das vermeintliche Fieber zu bekämpfen. Dieser ahnt aber offenbar, daß ihm nach dem Mord an Marie nicht mehr zu helfen sein wird, da schon *der Schreiner die Hobelspän sammelt.*

[18] Der Hof des Professors

Der Professor will seinen Studenten ein Experiment mit einer Katze vorführen. Als aber Woyzeck seinen schlechten gesundheitlichen Zustand beklagt, rückt er in den Mit-

---

1 vgl. dazu Neues Testament, Johannes 8/2ff.

15

telpunkt des Interesses. Der von Woyzeck angesprochene Doktor, der ihm eigentlich helfen sollte, nimmt mit Genugtuung zur Kenntnis, dass Woyzeck das *Zittern* bekommt, dass es ihm schwarz vor den Augen wird und dass sein Puls ungleichmäßig ist. Die Vorführung Woyzecks vor den Studenten erreicht ihren Höhepunkt, als der Doktor von ihm verlangt, er solle wie ein Esel mit den Ohren wackeln, und absurderweise behauptet, dass diese Fähigkeit eine Verwandtschaft zum Esel darstelle und die Folge von *weiblicher Erziehung* sei.

[19] Marie mit Mädchen vor der Haustür

Die Großmutter erzählt ein Märchen – ein häufiges Motiv in der Literatur –, das hier vollständig auf den Kopf gestellt wird; es ist ein von Hoffnungslosigkeit gekennzeichnetes Anti-Märchen, das keine Hilfe zur Bewältigung des Alltags gibt: Die Welt ist leer, das Kind allein, der Mond ist ein Stück faules Holz, die Sonne eine verwelkte Sonnenblume, die Sterne sind tote Mücken und die Erde ein umgestürzter Nachttopf. – Kann eine Situation noch trostloser sein?

[20] Marie und Woyzeck

Das ist die Mordszene: Woyzeck und Marie befinden sich vor der Stadt, wo es dunkel ist; deshalb und weil Woyzeck sie zum Bleiben drängt, ist es Marie unheimlich zumute. Mit der Erklärung *Ich muß fort, der Nachttau fällt*, will sie sich verabschieden und in die Stadt zurückkehren.

Woyzeck, der Marie gar nicht richtig zuhört, glaubt, dass ihr kalt ist, und droht seiner Geliebten an, dass sie *vom Morgentau nicht friern* wird. Als Marie das Messer in der Hand ihres ehemaligen Geliebten sieht, ist ihr klar, was er vorhat. Doch Woyzeck lässt sich durch Maries Hilferufe nicht von seinem Plan abbringen: Er ermordet sie.

[21] Es kommen Leute

Zwei Passanten werden unwissentlich zu Zeugen des Mordes: Sie hören merkwürdige Geräusche, die sie nicht so recht einordnen können. Eine Person glaubt, es würde soeben jemand ertrinken *(Wie ein Mensch der stirbt.)*, die andere findet die Vorgänge *unheimlich* und beginnt, der Phantasie freien Lauf zu lassen *(das Summen der Käfer, wie gesprungne Glocke)*. Da erkennt aber der andere Passant, dass doch etwas Schreckliches geschehen sein muss, und beschließt, zum Wasser zu laufen um nachzusehen.

[22] Das Wirtshaus

Woyzeck ist nach dem Mord ins Wirtshaus zurückgekehrt, wo er sogar tanzt, obwohl ihm seine innere Anspannung deutlich anzumerken ist; so spielt Woyzeck mehrfach auf den Tod an: Einmal im Monolog am Anfang der Szene *([…]er holt euch doch eimal Alle.)*, dann im halb spielerischen, halb ernsten Wortwechsel mit seiner Bekanntschaft Käthe *(Du wirst auch noch kalt werden.)*. Auch singt er das gleiche Lied wie Andres in Szene 10. Als Käthe entdeckt, dass seine rechte Hand blutig ist, versucht er sie mit Ausreden zu beschwichtigen, die aber die anderen nicht glauben. Der Narr trifft mit dem Märchen-Zitat ins Schwarze: *ich riech Menschefleisch*. Woyzeck hat sich, wie man modern sagen würde, selbst als Mörder geoutet und flüchtet.

[23] Woyzeck allein

Woyzeck kehrt an den Tatort zurück, da er die Tatwaffe dort liegen gelassen hatte und jetzt befürchtet, sie könnte ihn verraten. Dabei plagen ihn wieder Wahnphantasien – er spricht mit der toten Marie! Als er das Messer gefunden hat, nimmt er es an sich und läuft weg.

[24] Woyzeck an einem Teich

Woyzeck wirft das Mordmesser in einen Teich, jedoch so, dass es vom Ufer aus sichtbar ist. Daraufhin geht er ins Wasser, nimmt es und schleudert es noch weiter in den See hinaus. Am Ende der Szene beschließt Woyzeck, die Blutflecken an seinem Körper und seiner Kleidung abzuwaschen.

[25] Kinder

Unter den Kindern, die auf der Straße spielen, spricht sich herum, dass draußen vor der Stadt eine Tote liegt. Aus Neugier sind offenbar schon viele Menschen zum Fundort geeilt; nun machen sich auch die Kinder auf den Weg, denn auch sie wollen *noch was sehen.*

[26] Gerichtsdiener. Arzt. Richter

Der Gerichtsdiener freut sich in menschenverachtender Weise: *Ein guter Mord, ein ächter Mord, ein schöner Mord [...].*

[27] Der Idiot. Das Kind. Woyzeck

Woyzeck kommt nach Hause zu seinem Sohn, der vom Narren Karl beaufsichtigt wurde. Der Bub wendet sich aber schreiend von seinem Vater ab, worauf dieser ihn mit einem Spielzeugreiter, den er bekommen soll, besänftigen will. Am Ende der Szene läuft Karl mit dem Kind weg, Woyzeck bleibt völlig allein zurück – ganz so wie das Kind im Märchen der Großmutter.

Vielen, die sich mit Literatur befassen, ist das Dilemma vertraut: Den Inhalt eines Textes wiedergeben zu können heißt noch lange nicht, seine tiefere Bedeutung verstanden zu haben, seinen Bezug für sich als Leser oder Leserin herstellen zu können.

Sie werden vielleicht denken: Das ist eine Geschichte, die auch heutzutage passieren könnte.

Richtig: Die Geschichte von Woyzeck und Marie würde – wenn sie sich gestern ereignet hätte – heute und in den nächsten Wochen in allen Tageszeitungen und Illustrierten zu lesen sein; ja, die lokalen und überregionalen Sender würden sich überschlagen.

Was jedoch an der Oberfläche wie ein spektakulärer Mordfall *(Ein guter Mord, ein ächter Mord, ein schöner Mord, [. . .],* Szene 26) aussieht, wird auf tiefgründige Art dargestellt. Denn immerhin haben wir hier **eines der literarischen Hauptwerke der deutschen Sprache** vor uns, das dazu beigetragen hat, dass **sein Autor** der **Namenspate des wichtigsten deutschen Literaturpreises wurde**.

Es ergeben sich viele Fragen zum Inhalt des Textes, zu seiner Entstehung, zu seiner Handlungsstruktur und tieferen Bedeutung oder zu seiner literaturgeschichtlichen Bewertung.

Auch Sie selbst werden nach der Lektüre des Textes sicher noch eine Menge mehr über Büchners Drama »Woyzeck« wissen wollen – die folgenden Seiten sollen Ihnen dabei helfen, Ihre Fragen zu beantworten.

Sie erhalten Informationen zum Autor, seinem Gesamtwerk, zum Aufbau des Stückes und zu seinen sprachlichen Eigenheiten, sowie zur Position des »Woyzeck« in seiner Entstehungszeit und in der Literaturgeschichte.

Georg Büchner
* 17. Oktober 1813
   in Goddelau (Hessen)
† 19. Februar 1837
   in Zürich

Büchner ist einer der wenigen herausragenden Autoren, die sich keiner Epoche und keiner Zeitströmung eindeutig zuordnen lassen. Zu seiner Zeit war er ein Außenseiter, wurde jedoch für viele Dichter nach ihm zu einem Vorbild: z. B. für Gerhart Hauptmann, Bertolt Brecht und Max Frisch.

bis 1831 Büchner wächst als ältestes von fünf Kindern eines Mediziners in Goddelau, später in Darmstadt auf. Auch einer seiner drei Brüder wurde Arzt, ein anderer Pharmazeut. Der junge Georg, der den grundlegenden Unterricht von seiner Mutter erhält und erst ab dem Alter von neun Jahren eine Privatschule besucht, interessiert sich ebenfalls schon früh für medizinische und psychologische Probleme.

bis 1834 Büchner studiert zuerst in Straßburg, dann in Darmstadt, schließlich in Gießen Medizin. Während der Gießener Zeit gründet er 1834 die „Gesellschaft der Menschenrechte" gegen den politischen Nationalismus, die Ständeordnung und die monarchisch-aristokratische Herrschaftsform. Er bringt das Flugblatt »Der Hessische Landbote« unters Volk, in dem er zur Revolution gegen die Obrigkeit aufruft. Daraufhin wird Büchner verhört und sein Zimmer durchsucht.

1835 Büchner wird wegen seiner aktiven politischen Opposition steckbrieflich gesucht und flieht deshalb aus Hessen zu Freunden nach Straßburg, da er in Frankreich vor den polizeistaatlichen, jede freiheitliche Regung unterdrückenden Maßnahmen der deutschen Obrigkeit in Sicherheit ist.

Das Drama »Dantons Tod« erscheint.

Büchner beginnt mit den Arbeiten an der Novelle »Lenz«.

1836 Büchner beendet in Zürich seine Studien und erhält die Doktorwürde.

Eine Probevorlesung, die Büchner an der Universität Zürich hält, verschafft ihm dort eine Anstellung.

Er schreibt das Stück »Leonce und Lena«, um es zu einem Wettbewerb des Verlags Cotta einzusenden, bei dem das beste Lustspiel ermittelt werden sollte. Büchner, der den Einsendeschluss übersehen und den Termin um zwei Tage überschritten hatte, erhielt seinen Brief ungeöffnet zurück: Sein Stück wurde bei der Ausscheidung nicht berücksichtigt!

Im Herbst beginnt Büchner seine Arbeit am »Woyzeck«.

1837 Büchner erkrankt im Winter an Typhus, sein Zustand verschlechtert sich zusehends. Am 19. Februar stirbt er, am 21. Februar wird er auf dem Züricher Friedhof auf dem Zeltberg beigesetzt.

Büchners engere Schaffensperiode umfasst nur drei Jahre, ist also – bedingt durch die frühe, todbringende Krankheit – äußerst kurz für einen Autor, der zu den wichtigsten der deutschen Literatur gezählt wird und dessen Name mit dem bedeutendsten deutschen Literaturpreis verbunden ist.

Büchners literarisches Werk umfasst im Wesentlichen eine Novelle und drei Schauspiele, von denen eines, der »Woyzeck«, nicht vollendet wurde. Auch eine politische Schrift Büchners ist überliefert: »Der Hessische Landbote«.[1]

entstanden		veröffentlicht
1834	Der Hessische Landbote (Flugblatt)	1834
1835	Dantons Tod (Drama)	1835
1835	Lenz (Novelle)	1839
1836	Leonce und Lena (Komödie)	1842
1836	Woyzeck (Dramenfragment)	1879

1834: Der Hessische Landbote

Zusammen mit Friedrich Ludwig Weidig verfasste Büchner das politische Flugblatt »Der Hessische Landbote«. Schon der Slogan *Friede den Hütten! Krieg den Palästen!*, mit dem der Text überschrieben ist, zeigt Büchners politische Haltung ganz deutlich: Der größte Ausbeuter – so seine These – ist der Staat selbst. Die Bauern und Bürger bezahlen Steuern, mit deren Hilfe die Fürsten ihre Beamten, Soldaten und die Polizei entlohnen, die wiederum nur die Aufgabe haben, das Volk zu knechten und ihm Menschen- und Bürgerrechte vorzuenthalten. Das Volk finanziert seine eigene Unterdrückung!

Büchner will mit diesem Flugblatt die Menschen aufrütteln und ihnen ihre missliche Lage klarmachen. Natürlich war das Verteilen des »Hessischen Landboten«, sein Besitz, ja sogar

---

1 Die sog. Jugendschriften sowie diverse Übersetzungen sind in der für diese Besprechung maßgebenden dtv-Ausgabe ebenfalls enthalten.

das Lesen des Flugblattes verboten. Im Vorwort wird deshalb jedem geraten, das Schriftstück zu verstecken, nur an die besten Freunde – eventuell anonym – weiterzugeben und sich keinesfalls von der Polizei bei der Lektüre erwischen zu lassen.

> Die Lebensbedingungen des Volkes stehen auch in den literarischen Schriften im Mittelpunkt. Dadurch sollte der Leser seine eigene Situation und die Notwendigkeit, diese zu verändern, erkennen.

Winter 1835: Dantons Tod

In diesem Drama gestaltet Büchner eine Episode aus der Französischen Revolution: Danton, einer der Anführer der Revolutionäre, will die politische Entwicklung in gemäßigte Bahnen lenken und wieder innen- und außenpolitische Ruhe herstellen. Sein Gegenspieler ist Robespierre, der sich nicht damit zufrieden gibt, Ziele errreicht zu haben, die dem Bürgertum nützen, sondern der die Armen von allen Bedrückungen befreien, die Revolution weitertreiben will. Die Anhänger Robespierres nehmen Danton deshalb als einen Verräter der Revolution gefangen und verurteilen ihn zum Tode.

Herbst 1835: Lenz

Mit der Novelle gestaltet Büchner einen Ausschnitt aus dem Leben des Sturm-und-Drang-Dichters Jakob Michael Reinhold Lenz, in dessen Biographie er Übereinstimmungen mit seiner eigenen erkannte: Rastlosigkeit, Konflikte mit Obrigkeiten, Frage nach der Sinnhaftigkeit des Daseins.

Sommer 1836: Leonce und Lena

In dem Lustspiel karikiert Büchner die aristokratische Gesellschaft, die er für überflüssig und schädlich hält, da sie kein Gefühl für die Lebensumstände der unteren sozialen Schichten hat.

Marie
betrügt ihn.
(Szenen 2, 4, 6, 7, 11, 16)

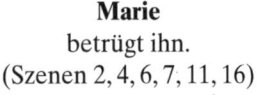

Der zynische **Doktor**
schadet ihm körperlich,
beutet ihn aus, tritt ihn.
(Szenen 8, 9, 18)

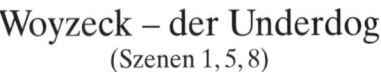

Woyzeck – der Underdog
(Szenen 1, 5, 8)

Der Mord
(Szene 20)

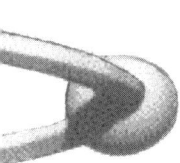

Deformation der Person
Woyzeck durch seine
Mitmenschen

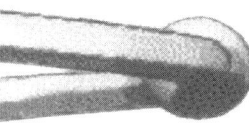

Der rücksichtslose **Tambourmajor**
nimmt ihm die Frau,
schlägt ihn.
(Szenen 6, 14)

Der dumm-selbstgefällige
Hauptmann nützt ihn nur aus
und verspottet ihn.
(Szenen 5, 9)

Das erhabene, teils schwülstige und für den heutigen Leser kaum noch nachvollziehbare Pathos der klassischen Dramen fehlt bei Büchner. Die Personen sprechen so, wie es von ihrem sozialen Stand her, ihrer Bildung und ihrer psychologischen Gestimmtheit gemäß zu erwarten ist; Woyzeck, Andres und Marie verfügen lediglich über einen restringierten sprachlichen Kode (= eingeschränkte sprachliche Ausdrucksmöglichkeit), während der Doktor und der Hauptmann einen

Merkmale des restringierten Sprachkodes

••• beschränkter Wortschatz   ••
Zeigt das sprachliche (und intellektuelle) Unvermögen.

••• kurze, unvollständige (= elliptische) Sätze   ••
Drücken ein Gefühl von Verlorenheit und Nicht-mehr-weiterwissen aus.

••• Satzbrüche   ••
Verdeutlichen die Erregung des Sprechers.

••• Verstummen   ••
Der Sprecher ist vom Geschehen überwältigt oder nicht mehr in der Lage, gegen Argumente anzureden.

••• Dialekt und Soziolekt   ••
Weist (z. B. durch den Satzbau) auf die regionale und (niedere) soziale Herkunft des Sprechenden hin. Dialekt war im 19. Jahrhundert oft auch ein Zeichen für fehlende Bildung.

••• unterwürfiges Sprachverhalten   ••
Die niedere soziale Stellung und das Gefühl des ständigen Getreten-werdens überträgt sich auf die Sprache.

elaborierten Kode verwenden, also die Möglichkeit besitzen, sich differenziert, exakt und korrekt auszudrücken. Dabei fällt jedoch auf, dass die von Büchner verwendete Sprache gekennzeichnet ist durch eine Diskrepanz zwischen Form und Inhalt: Obwohl sich die Vertreter der über Woyzeck stehenden Stände oberflächlich betrachtet flüssiger äußern können, hat Woyzeck in seinem holprigen Idiom (= Mundart) dennoch mehr zu sagen (vgl. z. B. Szene 5: *Wir arme Leut. [. . .]*).

Textbeispiele

●●●●●● Marie *(bespiegelt sich). Was die Steine glänze! Was sind's für? Was hat er gesagt? [. . .]* (S. 238)

●●●●●● Woyzeck. *[. . .] Still. Da in der Nähe. Marie? Ha Marie! Still. Alles still! [. . .]* (S. 254)

●●●●●● Woyzeck. *Ja Andres, wann der Schreiner die Hobelspän sammelt, es weiß niemand, wer sein Kopf drauf lege wird.* (S. 250)

●●●●●● Woyzeck. *Herr, Hauptmann, ich bin ein armer Teufel, – und hab sonst nichts – auf de Welt. Herr Hauptmann, wenn Sie Spaß mache –* (S. 245)

●●●●●● Woyzeck. *Ja Herr Hauptmann, die Tugend! ich hab's noch nicht so aus. Sehn Sie, wir gemeinen Leut, das hat keine Tugend, es kommt einem nur so die Natur [. . .]* (S. 241)

●●●●●● Hauptmann. *Langsam, Woyzeck, langsam [. . .] Teil Er sich ein, Woyzeck.*
Woyzeck. *Ja wohl, Herr Hauptmann.* (S. 239/240)

Die sprachliche Form

Merkmale des elaborierten Sprachkodes

••• Fachsprache
Signalisiert Bildung und Selbstbewusstsein.

••• geschwollene Ausdrucksweise
Der Sprecher will sein Gegenüber beeindrucken.

••• Sprachdominanz
Die soziale Dominanz überträgt sich auf die Sprache: Die Sprecher artikulieren sich in Aufforderungs- und Befehlssätzen (die u. U. in Frageform gekleidet sind).

••• Verwendung der Ich-Form
Der Sprecher zeigt, dass er sich selbst wichtig nimmt.

Beispiele für ironische Sprachverwendung
(besonders in den kommentierenden Textstellen)

••• Oxymoron
Kombination von zwei Begriffen, die sich ausschließen; hier ein Mittel zur Ironie

••• Tautologie
sprachliche Verdoppelung der Aussage, um diese hervorzuheben

Textbeispiele

•••••• Doktor. *Woyzeck Er hat die schönste aberratio mentalis partialis, zweite Spezies [...]* (S. 243)

•••••• Doktor. *[...] Woyzeck, der Mensch ist frei, in dem Menschen verklärt sich die Individualität zur Freiheit. [...]* (S. 242)

•••••• Doktor. *[...] Er tut noch alles wie sonst, rasiert sein Hauptmann?*
Woyzeck. *Ja wohl.*
Doktor. *Ißt sei Erbse?*
Woyzeck. *Immer ordentlich Herr Doktor. [...]*
Doktor. *Tut sei Dienst?*
Woyzeck. *Ja wohl.* (S. 243)

•••••• Doktor *(mit Affekt). [...] Ich hab's schriftlich [...] Ich hab's gesehn [...] ich streckte grade die Nase zum Fenster hinaus [...]* (S. 243)

•••••• Ausrufer *(an einer Bude). [...] haben eine viehische Vernunft, oder vielmehr eine ganze vernünftige Viehigkeit [...]* (S. 237)

•••••• Ausrufer *(an einer Bude). [...] Man mackt Anfang von Anfang. Es wird sogleich sein das commencement von commencement.* (S. 237)

Büchners »Woyzeck« weist auch aufgrund seiner sprachlichen Gestaltung schon weit über seine Zeit hinaus; die Verwendung einer realistischen Sprache ist ein Charakteristikum späterer Epochen und Stilrichtungen, etwa des Naturalismus (vgl. G. Hauptmann »Die Weber«).[1]

---

1 vgl. unten S. 34 und S. 38ff.

Büchners »Woyzeck« entstand im Jahr 1836, einer politisch sehr **unruhigen Zeit**, was sich auch in der Literatur widerspiegelt.

Politische Ereignisse
1815	Wiener Kongress
1817	Wartburgfest
1819	Ermordung Kotzebues
1819	Karlsbader Beschlüsse
1830	Juli-Revolution in Frankreich
1848	Märzrevolution

1. Politische Geschichte

1815 und 1848 – das sind die Eckdaten dieser historischen wie literarischen Epoche.

Der Wiener Kongress (1814/15)

1815 einigten sich die Fürsten Europas auf dem Wiener Kongress, ihren Völkern zu verweigern, wofür diese in den Befreiungskriegen gegen Napoleon gekämpft hatten: demokratische Nationalstaaten, in denen das Volk angemessene politische Mitspracherechte haben sollte. Verfassungen wurden zwar versprochen, doch kaum gewährt, eine nationale Einigung Deutschlands wurde erst gar nicht erwogen, hätten doch die vielen Monarchen zugunsten eines Königs oder Kaisers abdanken müssen.

Das Wartburgfest (1817)

In Deutschland gärte es nach den Entscheidungen des Wiener Kongresses: Vor allem viele Studenten, die in die Befreiungskriege gezogen waren und an dem Sieg über Napoleon Anteil hatten, begannen nun einen Kampf gegen die Obrigkeit. 1817 feierten sie auf der Wartburg bei Eisenach den 4. Jahrestag der

Völkerschlacht und die Erinnerung an die Reformation Luthers von 1517, die für sie zum Symbol des deutschen Aufstandes gegen die (römisch-katholische) Fremdherrschaft wurde. Das Fest war also eine politische Demonstration, bei der die Einheit Deutschlands unter demokratischen Vorzeichen angemahnt wurde.

Der Mord an Kotzebue und die Karlsbader Beschlüsse (1819)

1819 erstach der Student Karl Ludwig Sand den Schriftsteller August von Kotzebue, der als Diplomat in russischen Diensten stand und der der Spionage verdächtigt wurde. Die Obrigkeit hielt das für Aufruhr und reagierte hart: Der führende Mann der deutschen Politik, der Österreicher Fürst von Metternich, der sich gerade in Karlsbad aufhielt, veranlasste im Verein mit Preußen und weiteren deutschen Staaten Gesetze, die in Deutschland wieder Ruhe und Ordnung herstellen sollten, die sog. Karlsbader Beschlüsse. Liberale Professoren wurden entlassen, Studenten bespitzelt und die Pressefreiheit aufgehoben. Eine politische Jagd auf Andersdenkende begann.

Die Juli-Revolution in Frankreich (1830)

Als sich 1830 die Franzosen gegen die Herrschaft König Karls X. erhoben, wirkte sich das auch auf deutschem Boden aus: Teile der Bevölkerung in den Staaten, die bisher noch keine Verfassung hatten, gingen auf die Straße und demonstrierten für politische Mitspracherechte.

Die Revolution von 1848

1848 machte sich schließlich die politische Enttäuschung und Unzufriedenheit in einer Revolution Luft: Ausgehend von der Februarrevolution in Frankreich schwappten die Aufstände auch auf das Gebiet des Deutschen Bundes über. Vor allem in Wien und Berlin kam es zu Sympathiekundgebungen für ein freies und demokratisches Deutschland, aber auch zu Straßenschlachten und Hinrichtungen. Am Ende jedoch konnte sich die Revolution nicht durchsetzen; die adeligen Herrscher vertrieben das aus Bürgerlichen bestehende Parlament aus der Frankfurter Paulskirche; die alte Ordnung wurde noch einmal aufgerichtet und hielt bis zur Gründung des zweiten deutschen Kaiserreichs, die 1871 durch Bismarck unter preußischer Führung stattfand, ja im Grunde bis zur Revolution von 1918.

2. Literarische Strömungen zwischen 1815 und 1848

In den Jahren zwischen 1815 und 1848 hatten sich viele Bürger aus Resignation über die Ergebnisse des Wiener Kongresses von der aktiven Politik abgewendet. Sie kümmerten sich statt dessen um ihr persönliches Wohlergehen bzw. um ihren wirtschaftlichen Erfolg als Unternehmer. Diese unpolitische Haltung nannte man schon damals etwas verächtlich „biedermeierlich". Zeitgenossen wie Carl Spitzweg zeigen in ihren Gemälden, wie man sich das Biedermeier vorzustellen hatte: Die Welt ist eng und beschränkt, das Leben spielt sich hinter den Stadtmauern ab, die bürgerliche Stube ist sauber und aufgeräumt, Luxus ist verpönt, trotzdem soll alles hübsch und gepflegt aussehen. Biedermeier ist also der Stil des wohlhabenden Bürgertums, Arbeiter und Bauern lebten in wesentlich einfacheren Verhältnissen.

Autoren, die diese bürgerlich-konservative Haltung in ihren Werken thematisieren, rechnen wir der literarischen Strömung des **„Biedermeier"** zu.

Literarisches Biedermeier:
- ✔ unpolitische Texte
- ✔ Familie und geordnetes Leben als Themen
- ✔ Roman, Novelle und Erzählung als bevorzugte Gattungen
- ✔ Wichtige Autoren: Adalbert Stifter, Annette von Droste-Hülshoff, Franz Grillparzer, Eduard Mörike, Jeremias Gotthelf

Die anderen, politisch aktiven Schriftsteller befanden sich in Opposition zur Obrigkeit; sie glaubten trotz der Niederlage in der Revolution noch immer an eine Veränderung der politischen Zustände, für die sie mit ihren literarischen Werken eintraten. Man nennt sie in Anlehnung an den Begriff, den der Literaturwissenschaftler Ludwig Wienbarg geprägt hat, Autoren des **„Jungen Deutschland"**. Die Schriften einiger dieser Richtung zuzurechnender Autoren wurden am 10. Dezember 1835 vom Bundestag in Frankfurt verboten, weil man in ihren Verfassern Unruhestifter, ja Anarchisten und Terroristen sah.

Literatur des Jungen Deutschland:
- ✔ kritisiert die herrschenden politischen und sozialen Zustände
- ✔ erstrebt gesellschaftliche Veränderungen
- ✔ fordert Demokratie und Gleichberechtigung
- ✔ fordert Emanzipation der Frauen
- ✔ produziert vor allem Romane, Lyrik und Dramen
- ✔ Wichtige Autoren: Georg Büchner, Heinrich Heine, Christian Dietrich Grabbe, Karl Gutzkow, Heinrich Laube, Theodor Mundt

Warum hielten die Herrschenden die Dichter des „Jungen Deutschland" für so gefährlich? Sie forderten eine liberale, d. h. freiheitliche Verfassung und demokratische Verhältnisse; das Volk sollte über sein politisches und wirtschaftliches Geschick selbst entscheiden können. Man hatte die Bevormundung durch die adeligen Herrscher satt!

Biedermeier und Junges Deutschland sind zwei zeitgleich existierende, aber gegensätzliche Stile, die von den unterschiedlichen politischen Einstellungen ihrer Autoren geprägt sind; anders ausgedrückt: Sie spiegeln unterschiedliche Reaktionen auf die politisch-gesellschaftlichen Verhältnisse.

Büchners literarisches Werk passt aufgrund der sprachlichen Form und der dargestellten Inhalte nicht ins frühe 19. Jahrhundert – es wirkt gleichsam wie ein Fremdkörper. Der Autor weist in der Tat weit über seine Zeit hinaus, was auch seine Texte so einzigartig macht.

Elemente der Aufklärung
(wie z. B. in H. L. Wagners »Die Kindermörderin«, 1776)

••• Verwendung des Motivs des unehelichen Kindes ••

Romantische Elemente
(wie z. B. in J. v. Eichendorffs »Aus dem Leben eines Taugenichts«, 1826)

••• Einsatz von Volksliedern ••

••• Verwendung von Märchenmotiven ••

Realistische Elemente
(wie z. B. in F. Hebbels »Maria Magdalena«, 1843)

••• Darstellung von wirtschaftlichen Problemen des Alltags ••

••• Ehebruch als Thema von Literatur ••

••• Personen aus unteren Gesellschaftsschichten ••

••• Realistische Sprache ••

••• Auflösung der traditionellen Dramenform ••

••• Ein Antiheld im Mittelpunkt der Darstellung ••

••• Hoffnungslosigkeit des Daseins ••

Büchners »Woyzeck« zeigt auch schon moderne Züge und kündigt damit die Literatur des Naturalismus (z. B. G. Hauptmanns »Die Weber«) und des 20. Jahrhunderts (z. B. F. Kafkas »Die Verwandlung«) an.

•••••• z. B. S. 236, S. 240

•••••• z. B. S. 235, S. 236, S. 239, S. 246, S. 247, S. 251f., S. 253f.

•••••• z. B. das in seinem Sinngehalt umgedeutete Sterntalermärchen der Brüder Grimm (S. 252)

•••••• vgl. das Stöcke-Schneiden (S. 235), das Rasieren des Hauptmanns (S. 239f.)

•••••• vgl. S. 245: die Andeutungen des Hauptmanns, S. 247: Woyzeck beobachtet Marie und den Tambourmajor

•••••• Woyzeck ist nur einfacher Soldat

•••••• z. B. S. 235: Marie *(das Kind wippend auf dem Arm).* He Bub! Sa ra ra ra! Hörst? Da komme sie.

•••••• Verzicht auf die „drei Einheiten", einzelne Szenen geben einen Überblick über die Geschehnisse

•••••• Woyzeck fehlt alles, was ihn zu einem strahlenden Helden machen könnte

•••••• Büchner zeigt nicht, wie das Leben besser sein könnte

Ein Drama ist für gewöhnlich eine Einheit – es gehorcht den Gesetzen der klassischen Poetik, hat Anfang, Handlung und schlüssiges Ende. Doch ähnlich wie beim Komponisten Schubert gibt es „Unvollendete".

Das Stück »Woyzeck« ist in der Literaturgeschichte eine Besonderheit: Zum einen konnte Büchner das Schauspiel vor seinem Tod nicht mehr vollenden; der »Woyzeck« ist also Fragment geblieben.

Doch nicht nur das: Vom »Woyzeck« wurden drei handgeschriebene Fassungen aufgefunden, die verschiedene Szenen zeigen; auch die Personennamen sind nicht immer die gleichen.

An eine Veröffentlichung war nach Büchners Tod zunächst sowieso nicht zu denken, und erst als sich Georg Büchners Bruder Ludwig, ein Literaturwissenschaftler, Jahre später an eine Ausgabe der Werke machte, musste er entscheiden, ob der »Woyzeck« dabei sein sollte. Ludwig Büchner entschied sich dagegen – der Hauptgrund lag im allmählichen Verblassen der Tinte; das Stück war im Laufe der Jahre unleserlich geworden.

Die »Nachgelassenen Schriften« Georg Büchners erschienen also 1850 ohne den »Woyzeck«.

29 Jahre später, 1879, erschien eine neue Gesamtausgabe der Werke Georg Büchners; sie wurde von Karl Emil Franzos herausgegeben – und sie enthielt den »Woyzeck«. Franzos hatte mithilfe eines chemischen Verfahrens den Text wieder lesbar gemacht und abgedruckt. Jedoch konnte er mit der ungeordneten Szenenfolge nichts anfangen, deshalb brachte er die einzelnen Szenen in eine ihm sinnvoll erscheinende Reihenfolge. Dem Text gab er den Untertitel »Trauerspiel-Fragment«.

Diese Werkausgabe machte den »Woyzeck« in der Öffentlichkeit bekannt, sodass das Stück schon 1913 im Residenztheater in München uraufgeführt wurde.

Eine neue Edition erschien 1920; sie wurde von Georg Witkowski betreut, dessen Ziel es war, die von Büchner vorgesehene Szenenfolge zu rekonstruieren – ein Unterfangen, das damals so wenig zu bewältigen war wie heute.

Schon 1922 machte sich Fritz Bergemann daran, eine neue Ausgabe zu veröffentlichen. Diese blieb jahrelang maßgebend. Doch Bergemann lässt den Text mit der Szene *Beim Hauptmann* beginnen (in unserer Ausgabe Szene 5), da er diese Szene für eine typische Eingangsszene hielt.

Heute halten sich die Herausgeber des »Woyzeck« meist an die Ausgabe Karl Lehmanns von 1967, da hier die verschiedenen Entstehungsstufen des Textes deutlich voneinander geschieden sind. Auch verzichtete Lehmann darauf, den Text zu ordnen oder sprachlich zu „überarbeiten", wie das vor ihm öfter versucht worden war – schließlich soll sich der Leser, das ist nun die allgemein anerkannte Meinung, selbst ein Bild vom Text des Dramas machen.

Daneben gibt es aber auch noch die »Woyzeck«-Ausgaben von Lothar Bornscheuer, Ursula Paulus und Egon Krause. Sie weichen alle (geringfügig) voneinander ab.

Die Probleme, die aus der geschilderten Situation entstehen, sind offenkundig: Es existieren verschiedene Versionen des »Woyzeck«, die Anordnung der Szenen ist nicht immer die gleiche, auch gibt es sprachliche Abweichungen. Dies macht den Umgang mit dem Drama recht schwierig.

Da der Lehmann-»Woyzeck« die zuverlässigste und auch die verbreitetste Ausgabe ist, beziehen sich die Interpretationen und Anmerkungen in diesem Bändchen auf ihn. Der Lehmann-»Woyzeck« ist abgedruckt in folgenden Ausgaben:
– Georg Büchner, Werke und Briefe, hrsg. v. K. Pörnbacher u. a., dtv klassik [5]1995 und – in einer älteren Fassung – in:
– Georg Büchner, »Woyzeck«, hrsg. v. Th. Kopfermann und H. Stirner, Klett 1991.

Büchner war Revolutionär im doppelten Sinn: politisch und literarisch. Sein »Woyzeck« ist ein schon sehr modernes Drama; nicht nur thematisch und sprachlich, auch formal ist es seiner Zeit weit voraus.

1. »Woyzeck« – ein realistisches Stück

»Woyzeck« wirkt in seiner Zeit wie ein Fremdkörper, sehr realistisch, fast schon naturalistisch. Noch einige Jahre vorher hatte die idealistische Kunst ihre Blütezeit – ja ihr Einfluss war immer noch spürbar; Lessing, Goethe, Schiller und Kleist wollten wie alle idealistischen Dichter die Welt zeigen, wie sie sein sollte: Der Mensch belehrbar, zu einem moralischen und tugendhaften Wesen erziehbar, die Welt in Harmonie, alle Stände der Gesellschaft miteinander im Einklang, jeder auf sein Herz, auf sein Gewissen horchend und dessen Mahnungen folgend für ein geordnetes, funktionierendes, niemanden unterdrückendes Staatswesen. Alle Menschen sollten in einer als Ideal gedachten Welt gleich sein, nur ihre guten Taten sollten zählen.

Idealistische Dichtung:
- ✔ Dichtung, die sich an einem Ideal orientiert.
- ✔ Die Dichter des Idealismus glaubten, den Menschen zum Guten erziehen zu können, indem sie das Gute darstellen.
- ✔ Dichter des Idealismus:
  - der Aufklärer Lessing
  - die Klassiker Goethe und Schiller
  - die Romantiker Kleist, Eichendorff, Brentano

Die Realisten stehen in Opposition zum Idealismus; wenn man Idealisten als Optimisten bezeichnet, die glauben, dass sich die Menschheit zum Guten entwickelt, wenn ihr das Gute nur oft genug vor Augen gehalten wird, dann sind Realisten Pessimisten. Sie wollen die Menschen und die Welt nicht verändern, da sie nicht mehr an die Möglichkeit zur Veränderung (und damit zur Verbesserung der sozialen, wirtschaftlichen und politischen Verhältnisse) glauben; sie zeigen nur das, was ist.

> Realistische Dichtung:
> ✔ Dichtung, die sich an der (gesellschaftlichen) Realität orientiert.
> ✔ Die realistischen Dichter wollen nichts beschönigen, sondern die Wirklichkeit darstellen, wie sie ist.
> ✔ Realistische Dichter nach Büchner:
>   – F. Hebbel, G. Keller, C. F. Meyer, Th. Storm, Th. Fontane
>   – im Naturalismus: G. Hauptmann, A. Holz, J. Schlaf
>   – im 20. Jahrhundert: B. Brecht, R. Hochhuth, H. Böll

2. »Woyzeck« – ein offenes Drama

Zwar ist der Text in Szenen unterteilt, doch folgt ein Drama für gewöhnlich einem Aufbau in drei oder fünf Akten. Auch ist man vom klassischen Theater gewöhnt, dass in Versen bzw. metrischer Sprache geredet wird. Handelt es sich also bei »Woyzeck« überhaupt um ein Drama? – So oder ähnlich werden Sie sich vielleicht schon seit Beginn Ihrer Lektüre fragen.

Richtig ist: Ein Schauspiel im traditionellen Sinn (etwa wie die Tragödien Schillers oder »Iphigenie auf Tauris« von J. W. v. Goethe) ist in Versen geschrieben. Auch finden wir dort eine Einteilung in Akte und Szenen. Doch bei diesen Stücken handelt es sich um **Dramen der geschlossenen Form**. Die Dichter besaßen noch ein intaktes, geschlossenes Weltbild, das sie in ihren Werken darstellten. Auf den Auslöser der Handlung folgt die Steigerung bis zum Höhepunkt, dann kippt das Geschehen um, wendet sich scheinbar zum Guten, endet aber schließlich doch in der Katastrophe, die von Anfang an unabwendbar war.

Der »Woyzeck« hingegen ist **ein Drama der offenen Form**; es ist gleichsam revolutionär. Hier gibt es keinen Anfang und kein Ende der Handlung, keinen echten Höhepunkt und keine wirkliche Katastrophe im klassischen Sinn – die Szenen sind fast willkürlich ausgewählt, ergeben aber insgesamt ein stimmiges Bild vom Geschehen.

Im Drama, das dem offenen Bauprinzip folgt, gibt es epische und dramatische Textpassagen. Die dramatischen Stellen treiben (wie im klassischen Drama) die Handlung voran; ein Beispiel für eine solche Textstelle ist die Szene 20, als Woyzeck Marie ermordet. Mit den epischen Textstellen (z. B. Szene 3: die Reden des Ausrufers und des Marktschreiers) hat es eine besondere Bewandtnis: Im offenen Drama kommen auch Menschen aus niederen Gesellschaftsschichten auf die Bühne, denen jede Fähigkeit abgeht, über ihre eigene Situation, ihre Probleme, ihre Konfliktkonstellation eingehend nachzudenken.

Auch Woyzeck gehört zu diesem Typus. Keiner, der sich mit dem Drama näher beschäftigt, würde dem „Helden" abnehmen, dass er erkannt hat, warum seine wirtschaftliche und soziale Lage so drückend ist, und dass er dies auch sprachlich artikulieren könnte. Aufgrund der Sprachlosigkeit seines in mehrfacher Hinsicht Anti-Helden muss der Autor Büchner das Geschehen kommentieren. Er tut dies mit den epischen, also erzählenden Textstellen. Diese tragen nichts zum Fortgang der Dramenhandlung bei, sie begleiten diese eher, umrahmen sie, und nehmen damit etwas vorweg, was Brecht später einmal Verfremdungseffekt nennen wird.

Ein weiteres Kennzeichen der offenen Dramenform ist, dass die Figuren nicht in Versen reden (müssen), sondern so sprechen, wie es ihrem sozialen Stand entspricht: Umgangssprache, Dialekt, Soziolekt – eben realistisch.

Die folgende Gegenüberstellung zeigt Merkmale des offenen und geschlossenen Dramas:

	geschlossenes Drama	**offenes Drama**
Aufbau	chronologische Handlung (Exposition, steigende Handlung, Höhepunkt = Wendepunkt, fallende Handlung, Katastrophe); zielgerichtete Entwicklung des Geschehens	unvermittelter Beginn, offener Schluss; Nebenhandlungen; austauschbare Szenen; epische und dramatische Stellen; Zusammenhalt nur durch Thematik und Personen
Personen	autonomer Held; wenig Personen, meist aus höheren Gesellschaftsschichten; selbstbewusst und selbstständig handelnd; abhängig von einem übergeordneten Schicksal	passiver, fremdbestimmter Held, Antiheld; Personen aus verschiedenen sozialen Schichten, determiniert von Umwelt und Milieu
Sprache	künstliche, stilisierte Sprache, häufig Verse; Verwendung von zahlreichen sprachlichen Mitteln	Sprachrealismus, individuelle Sprache, Alltagssprache; wenig rhetorische Mittel

In das Verzeichnis wurden nur Wörter und Begriffe aufgenommen, die für das Textverständnis wichtig sind und die man nicht ohne weiteres in den gängigen Wörterbüchern findet.

Freimaurer (S. 235)	Geheimorganisation, die im 18. Jahrhundert viele Anhänger hatte (Friedrich d. Gr., Lessing, Goethe, Mozart), die aber von der katholischen Kirche abgelehnt wurde, da sich die Mitglieder über religiöse Riten hinwegsetzten. Die Freimaurer gaben in der Bevölkerung zu Spekulationen Anlass, da sie im Verborgenen agierten.
Verles (S. 236)	militärischer Appell
Kreatur (S. 237)	Lebewesen
Kanaillevogele (S. 237)	gemeint ist wohl der Kanarienvogel
Potentate (S. 237)	Herrscher, Könige und Fürsten
Sozietät (S. 237)	Gesellschaft; gelehrte Sozietät = wissenschaftliche Akademie
commencement (S. 237)	französisch: Anfang
Kürassierregiment (S. 237)	vom 17. bis ausgehenden 19. Jahrhundert: Reiterregiment
Tambourmajor (S. 237)	Leiter eines Spielmannszuges
Viehsionomik (S. 238)	Wortspiel; von: Physiognomik (Lehre von den Gesichtszügen)

bête (S. 238)	französisch: Tier, dumme Person
expliziern (S. 238)	erklären
musculus constrictor vesicae (S. 242)	Blasenschließmuskel
aberratio mentalis partialis (S. 243)	teilweise geistige Verwirrtheit
Kasus (S. 243)	Fall, Beispiel
apoplexia cerebralis (S. 244)	Gehirnschlag
Plinius (S. 245)	römischer Dichter
Sapeur (S. 245)	französisch: Pionier
Rössel und Stern (S. 246)	zwei Gasthäuser
Bouteille (S. 247)	französisch: Flasche
Kamisolche (S. 250)	Hemd
culs de Paris (S. 250)	Gesäßpolster, das unter dem Rock getragen wurde
Selbstaffirmation (S. 250)	Selbstbestätigung
centrum gravitationis (S. 250)	Mittelpunkt der Schwerkraft der Erde, Erdmittelpunkt

Über Georg Büchner

Jan-Christoph Hauschild: Georg Büchner. Reinbek (Rowohlt) 1992 (= rororo Monographien 503). Das Bändchen, das auf anschauliche Art Büchners Zeit, sein Leben und seine Werke darstellt, ist ein beinahe unentbehrlicher Helfer in vielen Fragen zu Georg Büchner.

Herbert Schnierle: Georg Büchner. Leben und Werk. Stuttgart (Klett) 1986. Der Band informiert den Leser auf nur wenigen Seiten über das Leben Georg Büchners und die zu seinen Lebzeiten herrschenden politischen und sozialen Verhältnisse.

In der Darstellung ausführlicher sind:

Gerhard P. Knapp: Georg Büchner. Stuttgart (Metzler) ²1984 (= Sammlung Metzler 159)

Hans Mayer: Büchner und seine Zeit. Frankfurt/M. (Suhrkamp) 1972 (= suhrkamp taschenbuch 58)

Zu »Woyzeck«

Lothar Bornscheuer (Hg.): Georg Büchner. Woyzeck. Stuttgart 1993 (= Reclam 8117)

Albert Meier: Georg Büchner. Woyzeck. München (UTB-Fink) 1980 (= Texte und Geschichte. Modellanalysen zur deutschen Literatur 1)

Auf diese Bücher sollte man zurückgreifen, wenn man sich genauer mit dem »Woyzeck« – dem Inhalt und der Entstehungsgeschichte – vertraut machen möchte. Auch geben die Autoren sehr genaue Worterklärungen, die für Interpretationen und Referate hilfreich sind.

Wilhelm Große: Georg Büchner. Woyzeck – Der Hessische Landbote. München: Oldenbourg 1988

Hans Ritscher: Georg Büchner. Woyzeck. Frankfurt a. Main: Diesterweg ⁹1986

Beide Darstellungen sind für die Hand des Lehrers gedacht. Sie sind deshalb relativ ausführlich und umfangreich. Für Schüler sind sie dann interessant, wenn großes Interesse besteht und/oder ein Referat gehalten werden soll.

Abweichende Textausgaben des »Woyzeck«:

Lothar Bornscheuer (Hg.): Georg Büchner. Woyzeck. Stuttgart: Reclam 1972

Otto C. A. zur Nedden (Hg.): Georg Büchner. Woyzeck. Leonce und Lena. Stuttgart: Reclam 1994

In beiden Ausgaben kann man sich einen Überblick über »Woyzeck«-Ausgaben verschaffen, die von der hier zitierten, auf Lehmann basierenden, abweichen.

»Woyzeck« als Oper

Unter dem früheren Titel »Wozzeck« schrieb Alban Berg 1921 eine Oper über den Stoff des büchnerschen Schauspiels. Auch dies ist ein Zeichen, wie stark das Stück nach seiner ersten Veröffentlichung eingeschlagen hatte!

Filmtipp

1979 verfilmte Werner Herzog das Drama mit Klaus Kinski in der Hauptrolle. Herzog setzte dabei das Fragmentarisch-Brüchige des Textes in Bilder um, ohne auf weichen Übergängen zu bestehen. Dadurch ist ein realistischer »Woyzeck«-Film entstanden, der die Atmosphäre des Buches sehr eindringlich wiedergibt. Diese Verfilmung ist auch als Video-Kaufkassette erhältlich.

Inter-
pretation

»Woyzeck« ist eines der meistinterpre-
tierten Stücke der Literaturgeschichte.
Dies ist Indiz dafür, dass viele Leser
Probleme mit dem Text haben. Um
Ihnen das Verständnis zu erleichtern,
wollen wir im Folgenden einige zentrale
Aspekte der »Woyzeck«-Deutung dis-
kutieren.

Vorbemerkung

Will man Büchners Dramen interpretieren, ist es hilfreich, die
Briefe zu lesen, die der Dichter an seine Familie und an Be-
kannte gesandt hat. Darin äußert er sich oft zu seinem literarischen Werk bzw. zu den Stücken, die gerade im Entstehen begriffen waren, so dass man diese besser verstehen kann.

In einem Brief an die Familie schreibt Büchner am 5. Mai 1835
über sein Schauspiel »Dantons Tod«:

> *Im Fall es euch zu Gesicht kommt, bitte ich euch, bei eu-*
> *rer Beurteilung vorerst zu bedenken, daß ich der*
> *Geschichte treu bleiben und die Männer der Revolution*
> *geben mußte, wie sie waren, blutig, liederlich, energisch*
> *und zynisch. Ich betrachte mein Drama wie ein geschicht-*
> *liches Gemälde, das seinem Original gleichen muß.*[1]

Zu Anfang des Jahres 1836 wird Büchner noch deutlicher:

> *ich zeichne meine Charaktere, wie ich sie der Natur und*
> *der Geschichte angemessen halte, und lache über die*
> *Leute, welche mich für die Moralität oder Immoralität*
> *derselben verantwortlich machen wollen.*[2]

---

1 G. Büchner: Brief an die Familie vom 5. Mai 1835, zit. nach K. Pörnbacher u. a. (Hg.): G. Büchner: Werke und Briefe, München 1995,
  S. 301
2 G. Büchner: Brief an die Familie vom 1. Januar 1836, zit. nach
  K. Pörnbacher u. a. (Hg.), a. a. O., S. 313

Diese beiden Textstellen zeigen Büchners Absicht deutlich: Er will als Autor nichts beschönigen, er stellt die Wirklichkeit – die geschichtlichen Ereignisse, aber auch die Menschen – dar, wie sie ist.

1. Die Figuren

Büchners »Woyzeck« gehört zu den Dramen, die mit relativ wenig Personal auskommen – zu sehr ist die Handlung auf wenige Personen konzentriert. Auch fällt es schwer, zwischen Haupt- und Nebenfiguren exakt zu trennen – wo etwa sollte man den Hauptmann einordnen, der zwar nur zweimal vorkommt, aber die Lebensumstände Woyzecks stark beeinflusst?

Woyzeck, nach dem man das Drama aus gutem Grund benannt hat, ist sicher die zentrale Person im Stück. Die anderen Handlungsträger sind alle daraufhin konzipiert, Woyzeck zu charakterisieren, seine wirtschaftliche und gesellschaftliche Lage und damit auch den Mord an Marie verständlich zu machen.

Die Figuren des Hauptmanns und des Doktors, Andres' und des Tambourmajors besitzen keine eigenständige Wertigkeit in dem Text. Sie sind Typen, wie sie auf der Bühne häufig vorkommen. Wir erfahren nichts (oder nur das Nötigste) über ihr Äußeres (Namen, Alter, Größe, Haarfarbe), nichts über ihr soziales Umfeld (Familienstand, Herkunft, sonstige Tätigkeiten), nichts über ihre Wünsche, Hoffnungen und Befürchtungen, soweit sie nicht die Hauptperson des Dramas betreffen. Die Figuren sind nur funktional auf Woyzeck hin ausgerichtet, darauf, für die Hauptperson den Hintergrund zu illustrieren und ihr Handeln im doppelten Wortsinn „einsehbar" zu machen.

Klammert man das Verhältnis zwischen Marie und dem Tambourmajor aus, existieren zwischen den einzelnen Figuren keine Beziehungen, die über ihr Verhältnis zu Woyzeck hinausreichen. Der Hauptmann, der Doktor und der Tambourmajor agieren nur für sich und in Bezug auf Woyzeck, ebenso der Jude und der Idiot Karl. Marie hat mit dem Hauptmann so wenig zu tun wie mit dem Doktor, jedoch besitzt sie – und hier unterscheidet sie sich doch von den anderen Figuren im Stück – ein Gegenüber: Margreth. Diese ist gleichermaßen Vertraute und Rivalin.

1.1. Woyzeck – ein Held?

Ist Woyzeck ein Held? Ein Held im traditionellen Sinn, der das Gute gegen das Böse verteidigt, der den Armen hilft (wie Robin Hood), der Unschuldige rettet, Schuldige aber zur Strecke bringt (wie Wilhelm Tell), der am Ende als Sieger dasteht und für seine Taten belohnt wird (wie Major Tellheim aus »Minna von Barnhelm«)? Wohl kaum. Alles das ist Woyzeck nicht.

Blicken wir auf Woyzecks Ausgangsposition. Er stammt aus niedrigen sozialen Verhältnissen, sonst wäre er nicht nur einfacher Soldat, sondern Offizier. Beim Militär dient er in einem der untersten Ränge, sonst müsste er nicht – wie in der Eingangsszene beschrieben – Stecken schneiden; dies war eine Beschäftigung nur für die einfachsten Soldaten. Hätte er einen angesehenen Rang, müsste er auch nicht die medizinischen Experimente über sich ergehen lassen, die der Doktor – für ein geringes Zubrot – mit ihm anstellt, auch den Hauptmann brauchte er nicht zu rasieren. Die berufliche Lage Woyzecks ist offensichtlich nicht geeignet, ihn zum Helden zu stilisieren.

Wie verhält es sich im privaten Bereich? Woyzeck hat mit Marie ein uneheliches Kind, was in der damaligen Zeit in seinen Kreisen zwar keinen Skandal bedeutete, jedenfalls aber sein Leben nicht einfacher machte. Dann ist ihm auch noch seine Geliebte untreu und am Ende wird Woyzeck zum Mörder. Auch dies taugt nicht dazu, in Woyzeck einen Helden zu sehen; er ist eher ein Antiheld, ein Verlierertyp, der nirgendwo Erfolg hat, nichts Großes vollbringt, ja am Ende sogar als Gejagter vor den Menschen fliehen muss.

Charakterisierung Woyzecks:

✔ Franz Woyzeck, Infanteriesoldat, 30 Jahre alt,

✔ ledig, Marie als Lebensgefährtin, ein Sohn,

✔ Nebenerwerbe: Stöckeschneiden, Rasieren des Hauptmanns, Teilnahme an medizinischen Experimenten.

Es stellt sich die Frage: Warum ist Woyzeck, ein Mann, der völlig fremdbestimmt ist, die zentrale Figur des Dramas?

In seinem Stück »Woyzeck« hat Büchner die reale Lebens-
geschichte des Johann Christian Woyzeck (1780–1824) literarisch nacherzählt. Büchner wollte damit seiner Zeit einen
Spiegel vorhalten, zeigen, wie eine ungerechte Welt einen
Menschen deformieren, ihn zerstören kann. Wie Büchners
briefliche Äußerungen aus der Entstehungszeit beweisen (vgl.
oben S. 46/47), wollte er seine Charaktere so zeichnen, wie sie
in Wirklichkeit waren; er beabsichtigte, der Natur so nahe
wie möglich zu kommen. Das »Woyzeck«-Drama ist also ein
realistisches Drama.

Woyzeck, die Titelfigur, ist kein strahlender und siegrei-
cher oder edler und menschenfreundlicher Held, wie man
ihn bislang aus der Literatur kannte; er ist vielmehr ein
Antiheld, wie er der neuen, sich mit Büchner anbahnen-
den Strömung des Realismus entspricht.

Damit ist Büchner seiner Zeit weit voraus: Noch die Autoren-
generation vor ihm, vertreten durch Namen wie Goethe, Schiller oder Kleist, wählte die heroische Einzelpersönlichkeit als
Handlungsträger. Büchners Dramatik dagegen weist über seine
zeitgenössische Literatur hinaus auf die Moderne, die mit der
Jahrhundertwende einsetzen sollte.

1.2. Marie – ein Opfer Woyzecks?

Die Antwort auf die Frage, ob Marie ein Opfer Woyzecks sei, ist nicht so einfach zu geben. Oberflächlich betrachtet ist Marie natürlich das Opfer ihres Lebensgefährten – er bringt sie ja letztendlich um.

Doch blickt man tiefer, so stellt sich die Frage nach der Schuld: Trifft Marie etwa eine moralische Schuld, weil sie Woyzeck mit dem Tambourmajor betrügt? Oder hat Woyzeck die alleinige Schuld, weil er Marie ermordet?

Marie wird dargestellt als sehr sinnliche, ja triebhafte Frau, die in der Beziehung mit Woyzeck seelisch und sexuell verkümmert – schließlich hat dieser nur wenig Zeit für sie, da er hauptberuflich Soldat ist und zusätzlich Nebenjobs ausübt, wie Stöcke schneiden, den Hauptmann zu rasieren und sich für Experimente des Doktors zur Verfügung zu stellen. Deshalb steht sie den Annäherungsversuchen des Tambours aufgeschlossen gegenüber. Hinzu kommt, dass Woyzeck Marie auch finanziell nichts bieten kann, da es ihm nur auf bescheidenstem Niveau gelingt, den Lebensunterhalt für seine Familie zu verdienen. Dabei gehört Marie ebenfalls zu den Ärmsten der Gesellschaft. Anders als Woyzeck denkt sie über ihre finanzielle Situation nach und entwickelt Sehnsüchte und materielle Bedürfnisse. Diese kann offenbar der Tambourmajor befriedigen: *Was die Steine glänze!* (S. 238). Wer könnte es ihr also übel nehmen, dass sie sich bei der Partnerwahl anderweitig orientiert, zudem sie ja mit Woyzeck nicht verheiratet ist?

Charakterisierung Maries:
- ✔ seit etwa zwei Jahren mit Woyzeck verbunden,
- ✔ entstammt wie Woyzeck einer niederen sozialen Schicht,
- ✔ verfügt über eine starke erotische Ausstrahlung.

Betrachtet man die Motivlage, die dazu führt, dass Marie Woyzeck untreu wird, in ihrer Gesamtheit, so erkennt man schnell, dass von einer Schuld Maries oder Woyzecks keine Rede sein kann. Keiner der beiden vermag nämlich die drückenden finanziellen Verhältnisse zu ändern, unter denen sie beide leiden; Woyzeck versucht es zwar, nimmt aber körperlichen und geistigen Schaden, so dass er Marie umso eher an einen anderen verlieren muss.

Wenn nun Büchner – wie eingangs dieses Kapitels gezeigt – betont, dass er sich selbst als Geschichtsschreiber (vgl. oben S. 46/47) sieht, so dürfen wir annehmen, dass er die hier geschilderten Verhältnisse in seiner unmittelbaren Umgebung kennen gelernt hat und für kritikwürdig hielt. Büchners Kritik gilt den gesellschaftlichen Verhältnissen, den großen Unterschieden zwischen Arm und Reich, nicht dem Verhalten einzelner Personen (vgl. dazu unten S. 57f.).

1.3. Tambourmajor, Hauptmann und Doktor – die Typen im Drama

Tambourmajor, Hauptmann und Doktor bleiben im Drama namenlos; sie sind reduziert auf ihre Funktion als Verführer Maries, als Vorgesetzter und Arbeitgeber Woyzecks. Auch sonst erfahren wir nichts über sie – sie bleiben Typen; ihre einzige Aufgabe besteht darin, Woyzeck, die Hauptperson, und die ihn prägende und sein Handeln bestimmende Umwelt zu charakterisieren.

Wie seine Sprache verrät, muss der Tambourmajor zur selben sozialen Schicht wie Woyzeck und Marie gezählt werden. Seine Funktion als Leiter einer Militärkapelle gibt ihm jedoch über seine prachtvolle Paradeuniform die Möglichkeit, sich selbst aufzuwerten. Auch im Umgang mit Woyzeck, etwa in der Wirtshausszene, wird sein Imponiergehabe deutlich: Mithilfe seiner körperlichen Überlegenheit – er beweist sich in den als „männlich" angesehenen Disziplinen Trinken und Kämpfen – begründet er seine Ansprüche auf Marie.

In der Wirtshausszene (S. 248f.) zeigt Büchner augenfällig, dass die Gewalt, der Woyzeck ausgesetzt ist, nicht nur gesellschaftlich-anonym ist: In der alltäglichen Lebenspraxis manifestiert sie sich in Personen, in Mitmenschen Woyzecks. Hier wird sie durch den Tambourmajor verkörpert.

Der Hauptmann und der Doktor gehören einer höheren sozialen Schicht an als die Hauptfigur; sie sind die sozial und wirtschaftlich Privilegierten, die über Woyzeck Herrschaft ausüben. Zugleich machen sie sich über ihn lustig, weil er ihre makabren Späße nicht versteht. Gerade dadurch charakterisiert Büchner seinen Protagonisten als einfach und ehrlich, seine Vorgesetzten aber als moralisch zweifelhaft und zynisch.

Gemeinsamkeiten von Hauptmann, Doktor und Tambourmajor:
✔ namenlose Figuren,
✔ Typen ohne individuelle Eigenheiten,
✔ sind reduziert auf ihre Funktion im Drama,
✔ äußere Merkmale werden nur genannt, wenn sie für die Handlung wichtig sind.

1.4. Gewalt gegen Woyzeck

Nicht nur der Tambourmajor (siehe oben), auch der Hauptmann und der Doktor üben Gewalt gegen Woyzeck aus. Beim Hauptmann handelt es sich um sprachlich-psychische Gewalt, wenn dieser auf Maries Untreue anspielt (vgl. S. 245). Woyzeck kann aufgrund seiner fehlenden sprachlichen Fähigkeiten diesen verdeckten Anspielungen nichts entgegensetzen, ja er ist ihnen hilflos ausgeliefert: Anfangs ringt er noch um Worte, versucht gar hochsprachlich zu antworten *(Herr, Hauptmann, ich bin ein armer Teufel [...])*, am Ende fehlen ihm die Argumente und er verstummt, nicht zuletzt auch deshalb, weil der Hauptmann sein Vorgesetzter ist.

Der Doktor begeht an Woyzeck den juristischen Tatbestand der Körperverletzung, indem er ihn für Versuchszwecke missbraucht und ihm jede andere Nahrung als Erbsen verbietet; in Szene 8 greift er Woyzeck auch körperlich an: er tritt ihn (vgl. S. 243).

1.5. Andres – der Freund und Gefährte Woyzecks?

Andres, der schon in der Eingangsszene auftritt, gehört der gleichen Gesellschaftsschicht, ja derselben Berufsgruppe wie Woyzeck an: Auch er ist Soldat, auch er muss als Nebenerwerb Stecken schneiden. Andres wäre also der ideale Freund und Vertraute der Hauptfigur. Doch diese Konstellation, die für Woyzeck persönliche Zuwendung und damit zugleich psychische Hilfe bedeuten würde, lässt Büchner nicht zu: Woyzeck ist auf sich allein gestellt, Marie ist ihm untreu, das Kind für eine echte Beziehung zu jung. Auch Andres ist höchstens Begleiter, nicht Freund, denn er versteht Woyzeck und dessen Ängste nicht: Wenn Woyzeck seine Furcht vor den Freimaurern äußert, beruhigt Andres ihn nicht etwa; nein, er reagiert im Gegenteil gar nicht auf das Gesagte, sondern singt ein Volkslied. Als Woyzeck ihm dann von seinen Visionen erzählt, reagiert der Gefährte nicht distanziert-besonnen, sondern lässt sich von der irrationalen Angst des anderen anstecken.

Andres reflektiert nicht über das, was Woyzeck ihm mitteilt, und er ist auch nicht in der Lage, sich mit diesem über seine Probleme zu unterhalten. Beide sind sprachlos, weil sie aufgrund ihrer niederen sozialen Herkunft nie gelernt haben, sich mitzuteilen und mit anderen zu kommunizieren.

1.6. Der Idiot und das Kind

Der Narr und das Kind, Woyzecks Sohn Christian, sind im bereits beschriebenen Sinn Nebenfiguren, d. h. sie haben im Drama funktionale Bedeutung.

In Woyzecks Umgang mit dem Kind zeigt sich ein nicht unwesentlicher Charakterzug: seine Fürsorglichkeit. In Szene 4 macht er sich über das körperliche Wohlbefinden Christians Gedanken, wenn er Marie auffordert: *Greif ihm unter's Ärmchen, der Stuhl drückt ihn* (S. 239). In Szene 27 kümmert er sich um sein psychisches Wohlergehen, wenn er ihm ein Spielzeug (*en Reuter*, S. 255) mitbringt.

Woyzeck hat also durchaus Vaterqualitäten; er hat eine positive Einstellung zu seinem Kind, obwohl er es nur selten sieht – doch auch dafür ist der Grund in den äußerst beengten finanziellen Verhältnissen zu suchen, in denen die Armen gezeigt werden.

Der Narr tritt in dem Stück dreimal auf: in den Szenen 16, 22 und 27. Seine Aufgabe ist es, das Geschehen aus einer weiteren Perspektive zu beleuchten, es mit der Distanz des geistig Zurückgebliebenen zu kommentieren.

Als die anderen Anwesenden noch überlegen, woher Woyzeck, der soeben Marie ermordet hat, die Blutflecken am rechten Arm haben könnte, sagt der Idiot in der Wirtshausszene instinktiv eine passende Märchenstelle auf: *ich riech, ich riech, ich riech Menschefleisch* (S. 254) und trifft damit ins Schwarze. Auch in der Schlussszene kommentiert er unwissentlich die Vorgänge treffend: *Der is ins Wasser gefalle* (S. 255).

Beleuchten der Hauptmann, der Doktor und der Tambourmajor die Situation Woyzecks aus der Perspektive seiner Unterdrücker, ist Marie ihm sozial ebenbürtig, so haben wir mit dem Kind und dem Narren zwei Figuren vor uns, die in der gesellschaftlichen Hierarchie noch unter Woyzeck stehen bzw. von ihm abhängig sind: Sie sind Außenseiter. Doch die beiden sind auch die einzig (noch) nicht gesellschaftlich deformierten Figuren. Sie leben unbeschwert, von den Mitmenschen unangefochten – aber ihre Existenz ist statisch, sie haben in ihrer jeweils anderen Situation keine Möglichkeit zur Veränderung ihrer Lebensumstände.

2. Die Bedeutung des Märchens

Ein Kennzeichen des offenen Dramas besteht darin, dass die Handlung nicht chronologisch aufgebaut ist (vgl. oben S. 39ff.). Es gibt Nebenhandlungen, die aber nur scheinbar mit der Haupthandlung nichts zu tun haben. In Wirklichkeit erläutern sie das Dramengeschehen, da sie sich aus einer anderen Perspektive auf das Ganze beziehen. Die wichtigste Szene im »Woyzeck«, die mit der Haupthandlung nur lose verknüpft ist, ist das Märchen der Großmutter (vgl. S. 252).

Das Märchen, eigentlich ein Anti-Märchen, muss man als Umkehrung des Sterntaler-Märchens der Brüder Grimm lesen. Im Grimm-Märchen wird die Geschichte eines Waisenkindes erzählt, das so arm war, dass es nur noch ein Stück Brot und die Kleidung, die es am Körper trug, besaß. Als es dann auf noch ärmere Menschen traf, teilte es das ihm Verbliebene, bis es am Ende gar nichts mehr hatte und nackt war. In dieser Situation geschieht ein Wunder: Das Mädchen hat plötzlich wieder ein Kleid an, in das es alle Sterntaler sammelt, die es jetzt vom Himmel regnet.

Das Grimm'sche Märchen ist getragen von einer positiven Weltsicht, d. h. das Gute wird am Ende belohnt. Diese Hauptaussage des Märchens wird in Stufen vorbereitet: Das Mädchen wird anfangs als arm beschrieben, trotzdem zeigt es Nächstenliebe und gibt immer mehr von seinem Eigentum ab. Am Ende wird es dann von Gott für seine Selbstlosigkeit und seine guten Taten belohnt.

Ganz anders erzählt Büchner seine Version des Märchens: Das *arm Kind*, zwar ebenfalls ein Waise, sucht Trost und Unterkunft im Himmel. Der Himmel erscheint ihm also verheißungsvoll, auch *der Mond guckt es so freundlich an*. Doch was stellt sich heraus? Der Mond ist ein *Stück faul Holz*, die Sonne *ein verwelkt Sonneblum*, die Sterne längst verendete Mücken. Auch eine Rückkehr zur Erde ist nicht mehr möglich, das Kind ist in völliger Trostlosigkeit auf sich allein gestellt.

Büchner nimmt die Motive des Grimm'schen Märchens auf und verändert sie: Gott existiert nicht, der Himmel (symbolisiert durch den Mond) besteht nur in der Vorstellung der Menschen, der Einzelne ist auf sich selbst gestellt und kann keine Hilfe von übergeordneten Mächten erwarten. Das führt alle menschliche Heilserwartung ad absurdum. Und so wie das Kind am Ende des Märchens den Mond erreicht und trotzdem vor dem Nichts steht, so findet sich auch Woyzeck am Ende des Stücks ohne Perspektive wieder.

Das Märchen Büchners spendet keine Hoffnung, die Weltsicht ist eine resignative; Einsamkeit und Trostlosigkeit herrschen als Grundstimmung. Büchners Intention ist es, durch eine Umschreibung des Sterntaler-Märchens dessen Aussage zu korrigieren. Diese lautet nun: Wo es einst noch Hoffnung auf göttliche Gerechtigkeit gab, herrscht heute das Nichts; jedes Bemühen um ein gottgefälliges Leben, alle Beispiele für gelebte Nächstenliebe sind vergebens – der Mensch ist allein, ausschließlich auf sich selbst gestellt.

Dass die Großmutter dieses Märchen erzählt, bekräftigt dessen Aussage: Hohes Alter steht schließlich für Weisheit! Das Märchen der Großmutter ist wichtig für das Verständnis des gesamten Dramas, weil es zu den epischen Textstellen gehört, also das Geschehen deutet. Büchner zeigt damit, dass er die religiös begründete Heilsgewissheit der Brüder Grimm, die ihr Märchen 1812 veröffentlichten, nicht teilt, dass er ganz im Gegenteil eine nihilistische, den Existenzialismus vorwegnehmende Weltsicht vertritt.

Unterschied zwischen »Sterntaler« und dem »Woyzeck«:
✔ Gewissheit einer göttlichen Ordnung und Sinnhaftigkeit jeder Heilserwartung (bei den Brüdern Grimm).
✔ Erkenntnis, dass der Mensch auf sich allein gestellt und nur für sich verantwortlich ist (bei Büchner).

3. Die sozialkritische Tendenz des Dramas

Büchner macht Woyzeck nicht für den Mord an Marie verantwortlich; er fällt über ihn kein Urteil. Das Drama zeigt jedoch, welche Umstände zu dieser Bluttat führten, welche psychologischen, wirtschaftlichen und gesellschaftlichen Umstände Woyzeck zum Mörder werden ließen.

Indem Büchner im »Woyzeck« die Einzelszenen nicht fest strukturiert, also den Typus des offenen Dramas wählt, gelingt ihm eine neutrale, fast objektive Darstellung der Vorgeschichte des Mordes. Der Leser (bzw. Zuschauer) kann sich somit ein eigenes Urteil über Woyzeck und seine Tat bilden und die gesellschaftskritischen Hintergründe erkennen.

Dabei gelangt er zwangsläufig zur Einsicht, dass Woyzeck in unserer Zeit aufgrund der medizinischen Experimente, die er mit sich aus der puren Not heraus machen lässt, für unzurechnungsfähig erklärt werden würde – was auch eine gewisse Mitschuld des Doktors zeigt. Auch der Hauptmann als sein Vorgesetzter sorgt nicht für das Wohl Woyzecks, er beutet ihn ganz im Gegenteil rücksichtslos aus. Die wirtschaftlichen Probleme Woyzecks führen dazu, dass er – man möchte sagen: zu allem Überfluss – auch noch private Probleme (die Untreue Maries) bekommt. Diese ausweglose Situation gipfelt schließlich in der Mordtat.

Die Anprangerung der Missstände der bestehenden Gesellschaftsordnung war ein zentrales Anliegen Büchners. In einem Brief schrieb er schon im Dezember 1833:

 Die politischen Verhältnisse könnten mich rasend machen. Das arme Volk schleppt geduldig den Karren, worauf die Fürsten und Liberalen ihre Affenkomödie spielen.[1]

---

1 G. Büchner: Brief an August Stoeber vom 9. 12. 1833, zit. nach
  K. Pörnbacher u. a. (Hg.), a. a. O., S. 285

Die Gesellschaftskritik ist auch im »Woyzeck« allgegenwärtig:

- die Armen (wie Woyzeck einer ist) haben keine Chance auf befriedigende Lebensverhältnisse – sie können noch so viel arbeiten!
- Partnerschaften und Familien leiden, ja zerbrechen unter den drückenden finanziellen Umständen.
- Kinder von Armen haben keine Aussicht auf ein kindgerechtes Leben und keine Zukunftsperspektive.

Büchner geht so weit, zu behaupten, dass der Einzelne die gesellschaftspolitischen Verhältnisse nicht ändern kann: Sobald Woyzeck handelt (indem er die Mord-Tat ausführt), wird er schuldig!

Auch dies hat Büchner in einem Brief (an seine Braut) ausgedrückt:

Ich fühlte mich wie zernichtet unter dem gräßlichen Fatalismus der Geschichte. Ich finde in der Menschennatur eine entsetzliche Gleichheit, in den menschlichen Verhältnissen eine unabwendbare Gewalt.[1]

Büchners Sozialkritik richtet sich gegen:
- ✔ die Zweiteilung der Gesellschaft in Arme und Reiche,
- ✔ die Unterdrückung der Armen durch die Reichen,
- ✔ die ausweglose Situation der Armen in einer von Reichen bestimmten Gesellschaft.

1 G. Büchner: Brief an Wilhelmine Jaegle vom November 1833, zit. nach Paul Stapf (Hg.): Büchner, Wiesbaden o. J., S. 401

Auf den folgenden Seiten finden Sie
Aufgaben und Diskussionsvorschläge,
deren Bearbeitung Ihnen helfen kann,
wenn Sie sich auf den Unterricht oder
auf Klausuren vorbereiten wollen.

? 1. Aufgabe

Epische und dramatische Textpassagen im »Woyzeck«

a) Wählen Sie je eine epische und eine dramatische Textstelle aus und erläutern Sie, welche jeweils unterschiedliche Funktion sie haben!
b) Erklären Sie, warum Büchner zwischen epischen und dramatischen Teilen wechselt!

! Lösungstipp

Textstellen: Szenen 3, 11 und 19 als epische Textstellen; die dramatische Szene kann frei gewählt werden.

Hinweise zu der verschiedenartigen Funktion von epischen und dramatischen Textstellen: siehe „Die literarische Gattung" (S. 38ff.).

a) Als epische Textstellen kommen infrage: Die Reden des Ausrufers (Szene 3), die Predigt des Handwerksburschen (Szene 11), das Märchen der Großmutter (Szene 19).
Die dramatische Szene kann weitgehend willkürlich gewählt werden, sollte jedoch zeigen, dass durch sie die Handlung vorangetrieben wird; die epischen Stellen haben die Funktion, die äußere Handlung – sozusagen aus der Distanz der Unbeteiligten – zu kommentieren.

b) Ein Underdog wie Woyzeck kann auf seine Umwelt nur reagieren – über seine Lage nachdenken, indem er etwa auf der Bühne seine Situation reflektiert, kann er nicht. Der Perspektivenwechsel, der durch die epischen Textstellen vollzogen wird, hilft damit dem Leser oder Zuschauer, auch eine andere Sichtweise des Geschehens einzunehmen als die der Hauptfigur. Zudem kann der Autor durch das Stilmittel der Kontrastierung die Lage Woyzecks veranschaulichen. Die Dramenhandlung wird dadurch für den Rezipienten leichter nachvollziehbar.

? 2. Aufgabe

Szene 2: Marie mit ihrem Kind am Fenster. Margreth

a) Nennen Sie die Hauptmotive des Dramas, die schon in dieser Szene angesprochen werden!
b) Untersuchen Sie das Lied Maries nach Inhalt und Form. Dient es der Kontrastierung oder der Erläuterung der Dramenhandlung?

! Lösungstipp

a) Hauptmotive des Dramas, die schon hier anklingen, sind:
   ✔ Maries Lebenslust
   ✔ Maries gestörte Beziehung zu Woyzeck
   ✔ Woyzecks geistige Verwirrtheit
   ✔ Woyzecks gehetzte Art
   ✔ Margreths Gefühl der sozialen Überlegenheit gegenüber Marie.

b) Das zweistrophige Lied ist in volksliedhaftem Ton gehalten. Das zeigt die verwendete Sprache:
   ✔ umgangssprachliche Wendungen *(Mädel; nix)*,
   ✔ Koseworte *(Ei; Heio popeio)*,
   ✔ dialektgefärbte Ausdrücke *(mein Bu; Gib ihn zu fresse)*.

Der Inhalt ist sozialkritisch gefärbt; er handelt von

✔ der Situation einer ledigen Mutter mit einem unehelichen Kind (1. Strophe),
✔ den Lebensumständen des Volkes, die drückender sind
  als die des bäuerlichen Nutzviehs (2. Strophe).

Das Lied hat sowohl Kontrast- als auch Erläuterungsfunktion:
Oberflächlich betrachtet, wirkt es idyllisch (Kontrast). Bei ge-
nauerem Hinsehen erkennt man, dass Marie – ohne sich dessen bewusst zu sein – ihre eigene Situation, in der sie sich als
ledige Mutter mit Kind befindet, besingt (Erläuterung): Auch
sie hat *kein Mann*, jedenfalls hat dieser nie für sie Zeit. Die
Aussage *Gibt mir kein Mensch nix dazu* trifft auf sie ebenfalls
zu, da sie von niemandem (außer Woyzeck) finanzielle Unterstützung zu erwarten hat. Trotzdem hegt sie die ganz unbe-
stimmte Hoffnung, irgendwann einmal der Enge der eigenen
Klassenschranken entfliehen zu können (Phantasie mit dem
Wein *Lauter kühle Wein [...]*).

? 3. Aufgabe

Szene 5: Der Hauptmann. Woyzeck

a) Fassen Sie den Inhalt der Szene kurz in eigenen Worten zusammen!
b) Erläutern Sie das Verhältnis zwischen Woyzeck und dem
   Hauptmann, wie es sich hier äußert!

! Lösungstipp

a) Während Woyzeck seinen Hauptmann rasiert, unterhalten
   sich die beiden. Dieses Gespräch ist allerdings einseitig, da
   vorwiegend der Hauptmann spricht – Woyzeck antwortet
   anfangs nur sehr wortkarg (er sagt dreimal: *Ja wohl, Herr
   Hauptmann*). Soweit scheint das Gespräch die Herrschafts-
   struktur zu reflektieren. Am Ende der Szene, als sich Woy-

zeck zu seiner privaten Lebenssituation explizit äußert *([…] der liebe Gott wird den armen Wurm nicht drum ansehn, [...])*, klinkt sich der Hauptmann intellektuell wie verbal aus *(Was sagt Er da! Was ist das für n'e kuriose Antwort?)*, weil er nicht in der Lage und gar nicht daran interessiert ist, Woyzeck zu verstehen.

b) Der Hauptmann ist der Vorgesetzte Woyzecks – das wird in dieser Szene ganz deutlich. Er versucht, ihn zu belehren, er redet moralisierend auf ihn ein und hält ihn auch noch zum Narren. Dies fällt ihm leicht, da er die Themen des Gesprächs bestimmt und somit nur über Dinge spricht, die Woyzeck nicht betreffen: Während Woyzeck sich abhetzt, um Geld zu verdienen, langweilt sich der Hauptmann. Wenn er dann Woyzeck zu mehr Ruhe mahnt, zeigt dies, dass er sich keine Gedanken über die Situation seiner Untergebenen macht, dass er seine privilegierte Stellung nicht verantwortungsvoll nützt, ja sich dieser überhaupt nicht bewusst ist.

? 4. Aufgabe

Woyzeck und Marie – beschreiben Sie ihr Verhältnis und die daraus resultierenden Folgen!

! Lösungstipp

Marie und Woyzeck sind ein Paar, jedoch kein Liebespaar im klassischen Sinne. Sie sind nicht verheiratet, leben auch nicht zusammen, da Woyzeck in der Kaserne anwesenheitspflichtig ist; deshalb zieht die Mutter den gemeinsamen Sohn alleine groß. Woyzeck kommt ab und zu vorbei, um Marie Geld zu bringen (Szene 4).

Von Woyzeck kann man nur vermuten, dass er mit der unabänderlichen Situation unzufrieden ist – Anhaltspunkte finden sich dafür im Text nicht. Anders bei Marie: Sie reagiert auf die Erscheinung des Tambourmajors, der alles das verkörpert, was sie sich von einem Mann wünscht und was Woyzeck ihr nicht bieten kann. Der Tambourmajor wirkt vor allem durch seine äußere Erscheinung, durch seine imposante Größe und seine prächtige Uniform (Szene 2). Über seinen Charakter erfahren wir wenig, er scheint für Marie nebensächlich zu sein.

Dass das Verhältnis mit dem Tambourmajor nicht das erste ist, das Marie neben ihrer Beziehung mit Woyzeck eingeht, dürfen wir aus der Reaktion ihrer Nachbarin, Frau Margreth, schließen, die über Marie sagt: *[...] Sie guckt siebe Paar lederne Hose durch.* (Szene 2).

Marie ist offensichtlich mit ihren Lebensumständen nicht zufrieden: Sie sucht **ihre Bestätigung als Frau und Geliebte außerhalb der Beziehung** zu Woyzeck, da sie sich **keine Veränderung ihrer Situation mit Woyzeck** vorstellen kann. Diesem ist es aufgrund der drückenden wirtschaftlichen Lage, in der er sich befindet, nicht möglich, mehr Zeit für Marie und das Kind zu erübrigen.

An der Oberfläche sind es also wirtschaftliche Probleme, die den Angehörigen der Unterschicht das Leben so schwer machen, dass selbst Familien daran zerbrechen. Blickt man tiefer, so erweisen sich diese wirtschaftlichen Probleme als **Erscheinungsbild einer Gesellschaftsordnung, die Unterdrücker und Unterdrückte hervorbringt**.

? 5. Aufgabe

Erläutern Sie, warum Büchners Drama »Woyzeck« auch für den heutigen Leser noch aktuell ist!

! Lösungstipp

Derartige oder ähnliche Familienverhältnisse gibt es noch immer:
– allein erziehende Mütter, die ohne nennenswerte Unterstützung ihre Kinder aufziehen,
– die Probleme, die in solchen Kleinstfamilien herrschen, wenn die Mutter ganztags berufstätig ist (sein muss!) und die Kinder nachmittags unbeaufsichtigt bleiben.

Fragen, die sich zwangsläufig stellen:
– Kann ein Mord ein Ausweg sein?
– Sollten nicht Mann und Frau gemeinsam versuchen, die Probleme zu bewältigen (was heute durchaus möglich ist, etwa indem die Frau halbtags arbeitet, was damals aber undenkbar war)?
– Welche Aufgabe hat die Gesellschaft zu erfüllen, um allen Menschen ein menschenwürdiges Leben zu ermöglichen?